智能交通系统概论

主　编　李正东　何　艳　李秀玲
副主编　包信宗　王　静　陈　岚　彭　鸿
参　编　吴宣言　罗　果　饶明华　程史靓
　　　　危　懿　冯　鑫

机械工业出版社

本书主要介绍了智能交通系统基础知识及其典型应用。本书采用项目任务式编写模式，充分考虑教学的引导性、过程性、专业性、综合性特点，共分为 5 个项目，计 18 个任务。主要内容包括认知智能交通系统、认知智能交通系统体系架构、认知典型智能交通系统应用、认知新技术在智能交通系统的应用、畅想未来交通出行等。

本书可作为高等院校交通运输类专业及相关专业专科生、本科生教材，也可供交通运输行业从业人员、管理工作者参考使用。

本书配有二维码视频链接，读者可通过手机扫码观看视频。本书还配有电子课件，可免费赠送给采用本书作为授课教材的教师，可登录 www.cmpedu.com 下载，或联系编辑（010-88379756）索取。

图书在版编目（CIP）数据

智能交通系统概论/李正东，何艳，李秀玲主编. —北京：机械工业出版社，2022.10（2024.9 重印）

ISBN 978-7-111-71464-4

Ⅰ.①智… Ⅱ.①李…②何…③李… Ⅲ.①交通运输管理-智能系统-高等学校-教材 Ⅳ.①U495

中国版本图书馆 CIP 数据核字（2022）第 153800 号

机械工业出版社（北京市百万庄大街 22 号　邮政编码 100037）
策划编辑：谢熠萌　　　　　　责任编辑：谢熠萌
责任校对：张晓蓉　王明欣　封面设计：王　旭
责任印制：刘　媛
涿州市般润文化传播有限公司印刷
2024 年 9 月第 1 版第 5 次印刷
184mm×260mm・12.75 印张・287 千字
标准书号：ISBN 978-7-111-71464-4
定价：48.00 元

电话服务	网络服务
客服电话：010-88361066	机　工　官　网：www.cmpbook.com
010-88379833	机　工　官　博：weibo.com/cmp1952
010-68326294	金　　书　　网：www.golden-book.com
封底无防伪标均为盗版	机工教育服务网：www.cmpedu.com

前言

当前,各种新科技革命和产业变革如雨后春笋般涌现。随着大数据、云计算、人工智能及5G移动通信等新兴技术的兴起,新技术、新方法、新手段将日新月异,智能交通系统的研究成果也必然会更加丰富多彩。在我国建设交通强国的背景下,智能交通领域的产业升级和经济结构调整正加速进行,这就对智能交通专业高素质技术技能人才的培养提出了更高的要求。

本书在编写过程中贯彻国家教育教学改革的有关精神,严格落实教学标准的要求,力求体现以下特色。

1. 以立德树人、铸魂育人为根本目的

坚持以习近平新时代中国特色社会主义思想引领职业教育专业教材建设,提升教材的思想性、科学性、时代性。同时,教材融入爱国主义、职业素养、工匠精神等素质教育元素,注重人才的全面培养。

2. 以学生为中心,注重适用性,突出职教特色

本书通过项目引领,任务展开,激发学生的学习兴趣;理论学习部分以任务描述、学习目标、知识准备、知识拓展为学习步骤,符合认知规律;将实施与评价内容引入任务工单,任务工单部分以任务目标、信息收集、任务实施、质量检查、评价反馈为任务步骤,使学习效果能够量化考核;图文并茂、形象直观,内容呈现环环相扣。教学内容上紧密联系实际,将技能点、知识点有机融合,以专业教学标准为依据,注重对学生职业化的素质培养;满足应知应会的知识技能要求,符合专业培养目标和职业能力的基本要求,取材合理,难易程度恰当。

3. 立体化资源配套,丰富教学手段

本书采用双色印刷,内容新颖,知识面广,图文并茂,通俗易懂,易学好教。党的二十大报告指出:"推进教育数字化,建设全民终身学习的学习型社会、学习型大国。"本书深入贯彻落实教育数字化的理念,开发了10个教学视频,教师和学生可通过手机扫描二维码观看视频。同时本书还配有电子课件等资源。

本书由重庆公共运输职业学院李正东教授、何艳讲师,中国人民解放军陆军工程大学通信士官学校李秀玲讲师担任主编,负责全书的项目策划、统筹和编写工作;由重庆公共运输职业学院包信宗副教授、重庆交通职业学院王静讲师、湖南交通职业技术学院陈岚讲师、贵州交通职业技术学院彭鸿副教授担任副主编;参与本书编写工作的还有重庆公共运输职业学院吴宣言助教、重庆文化艺术职业学院罗果副教授、重庆市公共交通控股(集团)有限公司运营指挥中心饶明华主任和中国人民解放军陆军工程大学通信士官学校程史靓、危懿、冯鑫。本书项目1由李正东编写;项目2由何艳、王静编写;项目3由李秀玲、饶明华、罗果编写;项目4由陈岚、吴宣言、包信宗编写;项目5由李秀玲、彭鸿编写。程史靓、危懿、冯鑫负责本书部分资料的收集和编写工作。

由于编者水平有限,本书难免存在疏漏和不妥之处,恳请广大读者批评指正。

编　者

二维码索引

名称	二维码	页码	名称	二维码	页码
智能交通系统体系结构		007	高速公路收费系统		065
智能公交系统		027	电子不停车收费系统		065
车路协同		048	C-V2X 通信技术		112
高速公路监控系统		064	车牌识别系统		127
高速公路通信系统		064	5G 在智慧高速的应用		138

目录

前言
二维码索引

项目1　认知智能交通系统 ………… 001
　任务1　认知智能交通系统的
　　　　概念与特征 ………… 001
　任务2　认知智能交通系统的
　　　　发展历程 ………… 005
　任务3　认知智能交通系统的
　　　　发展趋势 ………… 014

**项目2　认知智能交通系统体系
　　　　架构** ………… 021
　任务4　认知出行者信息服务
　　　　系统 ………… 021
　任务5　认知智能公共交通系统 … 026
　任务6　认知交通地理信息系统 … 036
　任务7　认知智能车路协同系统 … 048
　任务8　认知智能交通管理系统 … 056
　任务9　认知高速公路智能
　　　　管理系统 ………… 063

**项目3　认知典型智能交通系统
　　　　应用** ………… 069
　任务10　认知重庆市公交智能
　　　　　调度系统 ………… 069

**项目4　认知新技术在智能交通
　　　　系统的应用** ………… 091
　任务11　认知无人机在智能交通
　　　　　系统的应用 ………… 091
　任务12　认知物联网技术在智能
　　　　　交通系统的应用 ………… 105
　任务13　认知大数据技术在智能交
　　　　　通系统的应用 ………… 118
　任务14　认知人工智能技术在智能
　　　　　交通系统的应用 ………… 123
　任务15　认知5G移动通信技术的
　　　　　概念与特征 ………… 131

项目5　畅想未来交通出行 ………… 141
　任务16　畅想未来交通的主导
　　　　　技术 ………… 141
　任务17　畅想未来的交通面貌 …… 145
　任务18　畅想未来出行 ………… 149

参考文献 ………… 154

智能交通系统概论任务工单

项目 1

认知智能交通系统

 项目描述

随着信息技术的迅猛发展,新一代感知技术、通信技术、控制技术、计算机技术、人工智能技术、移动互联技术、能源管理技术、车路协同技术、智能网联汽车技术在智能交通领域的应用越来越多,智能交通系统已经进入了一个新的时代。新技术、新理念和新模式正在颠覆以往的交通体系,新技术推动了智能交通系统在感知、存储、共享、交互以及综合服务等方面的全面升级,原有的智能交通系统的体系和内容都在发生重大变革,智能交通系统的内涵也在不断丰富和完善。

任务 1　认知智能交通系统的概念与特征

 任务描述

本次任务主要学习智能交通系统的基本概念、特征、发展历史,了解发展智能交通的必要性,目的是使学生掌握智能交通系统的研究内容,并产生学习智能交通系统的兴趣。

 学习目标

知识目标
1. 了解智能交通系统的概念。
2. 了解智能交通系统的特征。
3. 了解发展智能交通系统的必要性。
4. 了解智能交通系统的发展历史。

素养目标
培养学生从多方位、多角度发现问题、分析问题、解决问题的能力。

一、智能交通系统的概念与特征

1. 智能交通系统的概念

智能交通系统（Intelligent Traffic System，ITS）又称智能运输系统（Intelligent Transportation System），是一个基于现代电子信息技术，面向交通运输的服务系统。智能交通系统将先进的科学技术（信息技术、计算机技术、数据通信技术、传感器技术、电子控制技术、自动控制理论、运筹学、人工智能等）有效集成并应用于整个交通运输管理体系，加强车辆、道路、使用者三者之间的联系，从而形成一种保障安全、提高效率、改善环境、节约能源的综合运输和管理系统。智能交通系统以信息的收集、处理、发布、交换、分析、利用为主线，为交通参与者提供多样性的服务。智能交通使交通基础设施发挥出最大的效能，提高了交通管理服务的质量，从而获得巨大的经济效益和社会效益。智能交通应用示意图如图1-1所示。

图1-1 智能交通应用示意图

2. 智能交通系统的特征

（1）先进性 智能交通系统采用了当前先进的通信技术、计算机技术、传感技术、自动控制理论等，采用了先进的理论方法改善交通系统的管理和运营。

（2）综合性 智能交通系统涉及信息技术、数据通信技术、计算机技术、电子控制技术、交通工程、系统理论、控制理论、人工智能、知识工程等，可以说，智能交通系统是这些技术的交叉和综合，是这些技术在交通系统中的集成应用。

（3）信息化 人们通过各种手段获取交通信息系统的状态信息，为交通系统的用户和管理者提供及时有用的信息，只有具有了信息，才能实现智能化。当交通信息化水平达到一定程度，就会改变交通的出行行为、交通管理方式等，进而引起传统交通理论的改变。因此，信息化就是智能交通系统的基础。

（4）智能化 当前，智能技术的应用场景越来越多，"智能机器人""智能仪表""智能楼宇"等名词频繁出现在人们的日常生活中。产品的智能化给众多传统技术带来了生机和活力,其中也包括智能交通系统。智能交通系统中很多子系统都实现了智能化,电子收费系统(Electronic Toll Collection,ETC)就是一个典型的范例。

二、发展智能交通系统的必要性

随着经济的发展,社会对交通运输的需求在持续增长,交通运输业得到了迅速发展。世界发达国家和地区从 20 世纪 50 年代起大力发展道路基础设施和汽车工业,促进了道路交通的飞速发展。道路交通在发展的同时,也带来了交通事故频发、环境污染严重、交通拥堵等突出问题。《中国人工智能系列》白皮书中指出,在各种交通方式中,汽车消耗的不可再生能源最多,由此带来的环境污染是其他交通方式的几十倍;交通事故中由道路交通造成的事故也是其他方式的几十倍;交通拥堵更是道路交通,特别是城市道路交通常见的现象。有研究表明,仅美国的主要城市每年因为交通拥堵而造成的浪费就超过 475 亿美元,每年因交通拥堵浪费了多达 143.5 亿 L 的燃料和 27 亿工作小时。我国的道路交通死亡人数每年达到 10 万人左右,直接经济损失近 20 亿元。因此,道路交通问题已成为困扰世界各国的交通难题。

三、智能交通技术的发展历史

1. 智能交通技术发展的第一阶段——萌芽阶段(20 世纪 60—70 年代)

为了解决道路交通发展带来的一系列问题,交通工程研究的人员首先想到了提高车辆与道路智能化的方法。如果能够及时地检测到交叉路口的车流信息,并动态显示控制策略,则路口的通行能力将大大提高。

研究发现,在交通高峰期,城市道路系统和高速公路系统并不会全部发生交通拥堵,有相当一部分道路仍然很畅通。如果能够及时地将道路网的交通信息告诉驾驶人,并提示他们合理使用这些路段,则道路网的资源就可以得到充分利用。如果汽车能够实时检测周围信息,并能正确地做出决策甚至全自动驾驶,则交通事故将大大减少,效率也会大大提高。虽然这种想法在 20 世纪 60—70 年代就已经提出,但如何采集交叉路口的车流信息,用什么算法处理这些信息以得到合理的控制策略,如何采集主要道路上的实时交通状况数据,如何传输和处理这些数据,如何将信息传给交通的参与者,汽车如何实时检测周围信息,汽车如何在处理这些数据后做出正确的决策,汽车如何执行所做出的决策,这些问题都成了当时交通工程研究者的课题。从智能交通系统的发展历史来看,各国普遍认为起步于 20 世纪 60—70 年代的交通管理计算机化就是智能交通的萌芽。

2. 智能交通技术发展的第二阶段——要素涌现阶段(1987—1997 年)

1987—1997 年为智能交通要素涌现阶段,该阶段形成了智能交通技术相关的基本功能模块。全球定位系统实现了汽车定位功能,射频识别技术实现了车辆自动识别功能,传感器网络实现了车辆信息搜集功能,这些技术功能模块因需求应用而产生,但彼此相互独立。此阶段,智能交通技术主要表现在车辆全球定位系统的报警与控制方法和车辆导航的控制及安全系统等车辆控制系统的发展。1993 年加入的导航系统,实现了通过动态控制处理器来感知和控制车辆的操作及状态，并允许车辆发送紧急信号。

3. 智能交通技术发展的第三阶段——技术形成阶段（1998—2008年）

1998—2008年为智能交通结构技术的形成阶段，该阶段主要实现了车内通信和车外通信，车外通信包含了汽车和道路通信、汽车和人通信、汽车和汽车通信。在此阶段中，导航技术、全球定位技术在智能交通技术领域中稳定发展，导航和全球定位技术已经达到完整布局；控制系统在该阶段也得到发展。通信技术、互联网技术、数据库技术、传感器技术在智能交通子系统建设中实现了要素之间信息的交互。

4. 智能交通技术发展的第四阶段——完善升华阶段（2009年至今）

自2009年开始，智能交通发展进入要素和结构进一步完善升华阶段。此阶段引进了大数据和云计算等要素，使智能交通在城市化服务中心具有了停车收费、违章检测、安全驾驶、自动驾驶等功能。通过分析大量的交通数据，智能交通利用信息管理、云计算等方法研究在城市化服务中心的停车收费问题、智能交通领域违章检测、安全驾驶等。在此阶段中，物联网、云计算、人工智能、大数据等新兴技术结合，实现了智能交通在移动互联、数据融合、数据通信、智能识别等技术上的突破，智能交通将相关的技术要素进行了互联互通，达到了元素间相互协作的状态，实现了交通的智能化管理和运行。

在互联网、大数据、通信网络、物联网技术的背景下，智能交通逐渐成为改造传统交通的主要技术方向。智能交通通过及时、快速、准确地获得各种交通要素的信息，通过大数据和物联网技术对信息分析、整合、处理、应用，实现整体系统化、信息化管理和控制，从而提升交通的管理服务能力。

智能交通系统是交通事业发展的必然选择，是交通事业的一场革命。智能交通通过先进的信息技术、通信技术、控制理论、传感技术、计算机技术、人工智能及大数据技术的综合应用，使人、车、路之间的相互关系以新的方式呈现，从而实现实时、准确、高效、安全、节能的目标。采用智能交通技术提高道路管理水平后，预计每年仅交通事故死亡人数就可减少30%以上，并能使交通工具的使用效率提高50%以上，可使现有公路使用率提高15%～30%。为此，世界各发达国家竞相投入大量资金和人力，进行大规模的智能交通技术研究试验。很多发达国家已从对该系统的研究与测试转入全面部署阶段。智能交通系统将成为21世纪现代化交通运输体系的管理模式和发展方向，是交通运输进入信息时代的重要标志。

北斗卫星导航系统

世界上现有6个定位系统，其中4个是全球定位系统，分别是中国北斗卫星导航系统（BDS）、美国全球定位系统（GPS）、欧盟伽利略卫星导航系统、俄罗斯全球卫星导航系统（GLONASS）；2个区域定位系统，分别是日本准天顶卫星系统（QZSS）、印度区域导航卫星系统（IRNSS）。

中国北斗卫星导航系统（BeiDou Navigation Satellite System，BDS）是我国自行研制的全

球卫星导航系统,也是继 GPS、GLONASS 之后的第三个成熟的卫星导航系统。北斗卫星导航系统示意图如图 1-2 所示。

北斗卫星导航系统(以下简称北斗系统)是我国着眼于国家安全和经济社会发展需要,自主建设、独立运行的卫星导航系统,是为全球用户提供全天候、全天时、高精度的定位、导航和授时服务的国家重要空间基础设施。

随着北斗系统建设和服务能力的发展,相关产品已广泛应用于交通运输、海洋渔业、水文监测、气象预报、测绘地理信息、森林防火、通信时统、电力调度、救灾减灾、应急搜救等领域,逐步应用到社会生产和人们生活的方方面面,为全球经济和社会发展注入了新的活力。

图 1-2　北斗卫星导航系统示意图

北斗系统由空间段、地面段和用户段三部分组成。

空间段由若干地球静止轨道卫星、倾斜地球同步轨道卫星和中圆地球轨道卫星组成。

地面段包括主控站、时间同步/注入站和监测站等若干地面站,以及星间链路运行管理设施。

用户段包括北斗及兼容其他卫星导航系统的芯片、模块、天线等基础产品,以及终端设备、应用系统与应用服务等。

实施与评价

请按照"任务工单 1　认知智能交通系统的概念与特征"要求完成本任务。

任务 2　认知智能交通系统的发展历程

任务描述

本次任务主要学习智能交通系统的国内外发展历程,目的是使学生了解美国、欧盟、日本、中国智能交通系统的发展历程。

学习目标

知识目标

1. 了解美国智能交通系统的发展历程。
2. 了解欧盟智能交通系统的发展历程。

3. 了解日本智能交通系统的发展历程。
4. 了解中国智能交通系统的发展历程与主要特色。

素养目标
1. 提升学生理性、客观分析问题的能力。
2. 学生通过学习，了解中国智能交通的发展情况，增强自信心和自豪感。

20世纪80年代以来，发达国家对交通运输领域的研究进入了一个崭新的阶段，美国、日本、加拿大、德国、法国、澳大利亚等国都投入大量的人力和物力从事ITS的研究，其他一些国家和地区，如韩国、新加坡、芬兰等也相继开展了ITS的研究。特别是最近几年，ITS技术研究以惊人的速度发展，世界上许多国家争先恐后地进行开发研究，出现激烈竞争的局面，并逐渐形成了美国、欧盟、日本三大体系。

一、美国智能交通系统的发展历程

美国智能交通技术的发展历程主要分为两个阶段。第一个阶段为20世纪90年代到20世纪末，主要特点为研究的范围广，研究领域涉及交通监控、交通信号智能控制、电子收费、车路协同及自动驾驶等领域，项目相对分散；第二阶段为21世纪初，美国在战略上进行了调整，由第一阶段的"全面发展研究"转向"重大专项研究，重点关注车辆安全及车路协同技术"战略，并从综合交通运输体系的角度开展智能交通与安全技术研究，研究内容包括综合运输协调技术、车辆安全技术等，特点是更加注重实效，推广相关技术产业化。

20世纪60年代，美国开始ITS的先驱性研究，即电子路径诱导系统（Electronic Route Guidance System，ERGS）研究，这可以说是ITS的起源。20世纪80年代中期，美国加利福尼亚州交通部门研究的"PATHFINDER系统"获得成功，加速了ITS的发展。此后，美国在全国展开了智能化车辆-道路系统（Intelligent Vehicle-Highway System，IVHS）方面的研究。

1993年，美国运输部成立了智能化车辆-道路系统（IVHS）组织。1991年，美国国会通过了"综合地面运输效率法案"，目的是依靠计算机仿真等高新技术以及合理的交通规划来促进路网效率的整体提升，发展有利于经济、环境的国家级综合地面运输系统，以提高客运和货运的运输效率。

1994年，美国把IVHS正式更名为ITS，并对其研究领域和内容进行了扩充，并建立了智能交通协会。1995年2月，美国开始开发统一的国家ITS体系框架，同年出版了《国家智能交通系统项目规划》，确定了智能交通系统的7个主要领域。

2003年，美国逐渐意识到道路交通是人、车、路相互作用的整体性系统，单单考虑车辆的智能化是不全面的，因此美国运输部建立了车路一体化集成系统（Vehicle Infrastructure Integration，VII）。2009年，美国又将VII更名为IntelliDrive。

美国ITS体系结构按照逻辑体系结构来描述，其逻辑体系结构如图1-3所示。

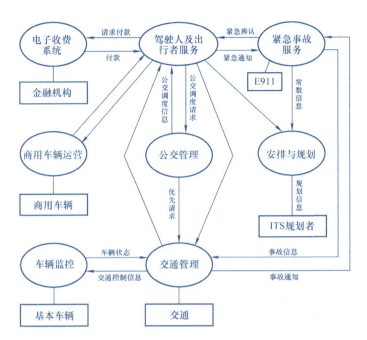

图1-3 美国ITS逻辑体系结构

2020年3月,美国运输部发布《智能交通系统(ITS)战略规划2020—2025》,明确了"加速应用ITS,转变社会运行方式"的愿景,以及"领导智能交通系统的合作和创新研究、开发和实施,以提供人员通勤和货物运输的安全性和流动性"的使命,描述了美国未来五年智能交通发展的重点任务和保障措施。相较2015年美国运输部公布的ITS规划,新版ITS战略更加突出ITS的部署,已经从关注自动驾驶、联网汽车的研究加速转移到ITS部署与应用;新版ITS战略关注对ITS发展建设的支撑技术,如数据交互、网络信息安全、5G通信技术等。

二、欧盟智能交通系统的发展历程

欧洲联盟(以下简称欧盟)及其前身欧洲共同体(以下简称欧共体)从1986年开始涉足ITS领域的研究。由欧共体主要汽车公司发起的欧洲高效安全道路交通计划旨在以汽车为主体,利用先进的信息、通信自动化技术来改善运输系统,解决交通问题。由欧共体发起的欧洲汽车安全专用道路设施计划(Dedicated Road Infra structure for Vehicle Safety in Europe,DRIVE)主要涉及公路和交通控制技术的研究。欧共体于1989—1991年完成了DRIVE Ⅰ,又于1992—1994年完成了DRIVE Ⅱ。

1991年,欧盟成立欧洲道路交通通信合作委员会(European Road Transport Telematics Implementation Coordination Organization,ERTICO),负责监督和协调欧洲的ITS研究、发展和实施。1995年,欧盟开始一项新的欧洲交通计划(Programme for Mobility in Transportation in Europe,PROMOTE)。该计划的主要目的是实现道路交通基础设施的高度智能化,研究重点是车辆的交通管理系统和安全系统,包括车辆道路间通信、防止碰撞、自动收费系统等。

欧盟ITS的主要研究工作还包括车载信息处理应用计划(Transport Telematics Application

Programme，T‐TAP）(1994—1998 年) 和欧洲交通信息服务网络计划（Trans‐European Transport Networks，TEN‐T）(1995—1999 年)。相当于 DRIVE Ⅲ 的 T‐TAP 的主要目标是运用先进的信息技术来提高交通效率、保障安全和改善环境，从而极大提高欧洲工业的竞争力，提高交通运输水平。T‐TAP 的研究涉及全交通方式，主要研究内容有：旅行者多方式的公共交通、货运运营管理、道路交通、航空交通、铁道交通、水上交通、交通公共设施服务、ITS 对欧盟政策的贡献。TEN‐T 是欧盟委员会推进的以实现多方式信息服务为目的的横贯欧洲的交通信息服务网络，这是欧盟 ITS 持续发展的关键所在。TEN‐T 覆盖了交通运输的各个方面，包括高质量的公路、铁路、港口、机场和内陆航运。

2016 年 11 月，欧盟委员会通过欧洲合作式智能交通系统（Cooperative‐Intelligent Transportation System，C‐ITS）战略，目标是在欧盟国家道路上大规模配置合作式智能交通系统，合作式智能交通系统的特点是利用多项通信技术让汽车之间、汽车与道路设施之间能够沟通，使得道路使用者和交通管理人员能共享信息并有效协调，例如车辆之间能够自动发送紧急制动提示、前方拥堵提示等警示信息；车辆自动接收某一路段设施发送的限速信息等。

欧盟智能交通系统研究领域概括起来可分为 10 个研发领域，如图 1-4 所示。

欧盟 ITS 体系框架的用户服务、逻辑框架构建方法与美国类似，主要区别体现在物理框架的构建中。欧盟物理框架的构建有两种方法：基于用户需求的方法、基于系统概念的方法，当用户需求明确时采用前者，反之采用后者。与内容全面、包罗万象的美国 ITS 体系结构相比，欧盟 ITS 体系结构在内容上选取典型

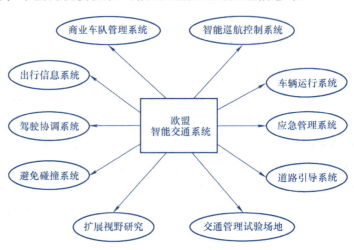

图 1-4　欧盟智能交通系统研究领域

系统进行详细分析，并非以"全"为目的。欧盟 ITS 体系结构强调系统设计的战略性规划，而不是最终决定性规划，其核心是突出其在 ITS 规划和建设中的指导意义。

在欧盟推出了 ITS 体系结构后，欧盟各国（如意大利、法国等）在此基础上构建了适合本国国情的体系结构，进一步为欧盟和本国 ITS 建设提供了指导。

三、日本智能交通系统的发展历程

在日本，运输系统的智能化是以与交通有关的政府部门为主导，在官民协力的基础上来积极推进研究和开发的。日本 ITS 发展经历了四个阶段。

第一阶段：20 世纪 70 年代是日本研究 ITS 的初始阶段。1973 年，日本发起了全面的车辆交通控制系统的研究，从而拉开了 ITS 研究的序幕。日本最初正式投入的系统有汽车综合控制系统（Comprehensive Automobile Control System，CACS），它也是世界范围内研究较早的

动态路径诱导系统。

第二阶段：20 世纪 80 年代，日本建设省实施了"道路–汽车通信系统"，警察厅实施了"先进的机动车交通信息和通信系统"，后经过改进，二者合并为"车辆信息和通信系统"。从 20 世纪 80 年代末期到 20 世纪 90 年代，日本建立了"先进的道路运输系统"，在该项目的建设中形成了以道路车辆一体化来改善道路交通的概念。1994 年 1 月，日本成立了"道路车辆智能化推进协会"（Vehicle，Road and Traffic Intelligence Society，VERTIS），现改称为 ITS Japan。经过不懈努力，日本 ITS 已经逐渐在私营领域形成了市场，由企业和政府部门共同开发的数字地图的汽车卫星导航系统以及其他技术已经实现了商业化。至 1995 年，日本安装卫星导航系统的汽车总量已经超过了 100 万辆。

第三阶段：1995 年 2 月，由日本首相直接领导的"具有先进通信与信息的社会筹划组"提出了"促进先进通信与信息社会的基本指导方案"。1996 年 7 月，日本 5 个政府部门联合制定、发表了"关于推进智能运输系统（ITS）"的整体构想，它成了今后日本 ITS 工作的主体计划，并指定了 9 个开发领域和 20 项服务内容，现在又增加了一项新的内容，即高度信息通信社会相关信息的利用，总计 21 项服务内容、56 项个人用户服务、172 项子服务。

日本于 1996 年 4 月正式为用户提供了道路交通信息通信系统（Vehicle Information and Communication System，VICS）。如今 VICS 已在全日本高速公路以及东京等 44 个都道府县广泛使用。截至 2010 年，使用该系统的车辆已达 3000 万辆。而 ETC 的使用，不仅能够缓解停车收费造成的车辆堵塞，还可实现无现金化，方便了驾驶人，减少了运行成本和现金流失。该系统从 1999 年开始在东京首都圈的主要收费站使用。据测算，人工收费站的处理能力为平均每小时 230 辆，而使用 ETC 系统后每小时可达到 1000 辆，工作效率大约是工人收费的 4 倍，从而极大地缓解和改善了高速公路收费站附近的交通堵塞现象。

第四阶段：21 世纪初是 ITS 综合应用阶段。日本政府对前三个阶段的研究进行了总结并制定了新的发展战略。日本提出了 10 年内交通事故死亡人数降低 50%，20 年后交通拥堵降低 80%，30 年后汽车燃油消费量及 CO_2 减少 15%，城市 NO_x 减少 30% 的目标。2009 年 6 月，日本政府确定将投入 250 亿日元在高速公路沿线部署智能交通信息交互设施。同年，日本制定了"i–Japan 战略 2015"，目标是通过物联网技术减少交通拥堵、提高物流效率以及减少 CO_2 的排放。2010 年，日本制定了"新 IT"战略，主要是推动绿色出行。到 2011 年 3 月，日本完成了覆盖全国各地高速公路网的 ITS 信息交互设施。2020 年，日本国土交通省发布了《日本 2020 年国土交通白皮书》，重点介绍了智能卡全国互通、"出行即服务"（MaaS）、ETC2.0、先进型安全车辆（ASV）、小汽车出行诱导与自动驾驶等智慧交通技术应用情况。

四、中国智能交通系统的发展历程与主要特色

1. 中国智能交通系统的发展历程

我国的智能交通研究开始于 20 世纪 70 年代末，最初是在交通运输和管理中应用电子信息及自动控制技术，北京、上海和广州等大城市首先开始了交通信号控制的研究与开发，主要使用了单点定周期交通信号控制器和线性协调交通信号控制系统。

20世纪80年代初,我国陆续引进了国外先进的交通控制系统(如英国的SCOOT系统、澳大利亚的SCATS系统等)。20世纪80年代后期,我国开始了优化道路交通管理、交通信息采集、驾驶人考试系统、车辆动态识别等基础性研究工作。

1999年,国家科技部批准成立了国家ITS工程技术研究中心(ITSC)。2000年,国家铁路智能运输系统工程技术研究中心。

2001年,国家科技部批准会同当时的国家计委、经贸委、公安部、铁道部和交通部等部门联合成立了全国ITS协调指导小组及办公室,并成立了ITS专家咨询委员会,负责组织、研究、制定中国ITS发展的总体战略、技术政策和技术标准,积极支持有关部委、地方、企业及科研单位,根据行业和地区特点开展ITS的关键技术研究与应用示范工程,促进ITS研究成果的产业化。

2012年7月,交通运输部发布了关于《交通运输行业智能交通发展战略(2012—2020年)》,为中国未来的智能交通发展指明了方向。

2019年9月,中共中央、国务院印发了《交通强国建设纲要》(以下简称《纲要》),明确提出:"开发新一代智能交通管理系统。"《纲要》还提出:"到本世纪中叶,全面建成人民满意、保障有力、世界前列的交通强国。"

2021年2月,中共中央、国务院印发了《国家综合立体交通网规划纲要》(以下简称《纲要》)。《纲要》中的发展目标提出:"到2035年,基本建成便捷顺畅、经济高效、绿色集约、智能先进、安全可靠的现代化高质量国家综合立体交通网,实现国际国内互联互通、全国主要城市立体畅达、县级节点有效覆盖,有力支撑'全国123出行交通圈'(都市区1小时通勤、城市群2小时通达、全国主要城市3小时覆盖)和'全球123快货物流圈'(国内1天送达、周边国家2天送达、全球主要城市3天送达)。"

2. 中国智能交通系统的主要特色

(1)国家综合立体交通网规划构建 《国家综合立体交通网规划纲要》提出:"国家综合立体交通网连接全国所有县级及以上行政区、边境口岸、国防设施、主要景区等。以统筹融合为导向,着力补短板、重衔接、优网络、提效能,更加注重存量资源优化利用和增量供给质量提升。完善铁路、公路、水运、民航、邮政快递等基础设施网络,构建以铁路为主干,以公路为基础,水运、民航比较优势充分发挥的国家综合立体交通网"。

到2035年,国家综合立体交通网实体线网总规模合计70万公里左右(不含国际陆路通道境外段、空中及海上航路、邮路里程)。其中铁路20万公里左右,公路46万公里左右,高等级航道2.5万公里左右。沿海主要港口27个,内河主要港口36个,民用运输机场400个左右,邮政快递枢纽80个左右。

(2)智慧公路示范成果显著 交通运输部组织了9个省市进行智慧公路示范,机电系统和智慧公路建设应该相互融合,配合在一起紧密发展。到2021年,大部分建设均已完成。伴随着新基建试点工程的推进,智慧高速公路领域也取得了一些具体的成绩和积累,这为整个高速公路信息化领域的技术积累和经验积累奠定了基础。

2021年5月,河北雄安新区京雄高速公路河北段、荣乌高速新线、京德高速公路一期工程同期建成通车。三条高速公路均进行了公路智慧化方面的基础建设,京雄高速开设自动驾驶专用车道、安装智慧照明系统，荣乌高速新线建设智慧化货运通道，京德高速构建全过程安全风险预警系统。

2021年6月，五峰山过江通道公路接线工程建成通车，其被誉为全国首条"未来高速"，具备了车路协同系统、消雪融冰系统等，实现"安全保障全天候""出行服务全方位""运营维护全数字""绿色建管全寿命"的四个未来高速图景。

2021年9月，京台高速泰安至枣庄段双向八车道正式通车，这是国内全线开通的"改扩建+智慧高速"交通强国试点项目，应用了高精度轨迹追踪、全息感知与智能管控等20余项先进专利技术。项目按照"全国领先、远近结合、适度超前、先进适用"的建设原则和"全路段感知、全过程管控、全天候通行"的建设定位，通过先进技术集成创新应用、先行先试，建成了全国首个具有独立自主知识产权的"集团级"智慧高速云控平台、全国里程最长的开放式车路协同试验路段和全国首条全向/定向毫米波雷达融合路段。

2021年12月，延崇高速河北段智慧高速已建成，成为国内通车运营的车路协同、隧道智能综合诱导、北斗卫星和5G信号全覆盖的山区高速公路。

（3）数字孪生交通升温　2019年7月，交通运输部印发了《数字交通发展规划纲要》（以下简称《纲要》）。《纲要》提出："以数据为关键要素，赋能交通运输及关联产业，推动模式、业态、产品、服务等联动创新，提升出行和物流服务品质，让数字红利惠及人民，增强人民获得感。"《纲要》还提到："坚持世界眼光、国际标准、中国特色，以开放包容的态度，适应技术发展趋势，以试点为重要手段，汇聚技术、智力、产业等资源，通过典型引路，逐步形成数字交通发展的'中国经验'和'中国方案'"。交通运输部和国家的数字交通发展规划为数字孪生交通发展奠定了基础。

2021年12月，交通运输部印发了《数字交通"十四五"发展规划》（以下简称《规划》）。《规划》确定了"十四五"期间我国数字交通发展的现状与形势、总体思路、主要任务和保障措施。

利用物联网、大数据、BIM/CIM、人工智能、增强现实AR等数字孪生技术为现实交通建立一个数字孪生交通，将现有的智能交通平台拓展成数字孪生平台，利用交通模型和人工智能驱动虚拟交通世界，将现实交通的建设项目、改善方案在实施之前就进行事前分析和评价，均有重要意义。

（4）可持续交通发展成为共识　第二届联合国全球可持续交通大会于2021年10月在北京召开。大会以"可持续的交通，可持续的发展"为主题。大会呼吁加快实现可持续交通运输，从而大幅减少温室气体排放，并改善数十亿人的生活。大会发表了《北京宣言》，强调了可持续交通的重要性，呼吁加强国际合作，并采取综合、跨学科和跨部门的方法，更好落实《2030年可持续发展议程》和《巴黎协定》。

2021年10月，国务院印发《2030年前碳达峰行动方案》（以下简称《方案》）。《方案》提出非化石能源消费比重提高、能源利用效率提升、二氧化碳排放强度降低等主要目标，并要求"将碳达峰贯穿于经济社会发展全过程和各方面"，重点实施"碳达峰十大行动"。

在2021年11月的《联合国气候变化框架公约》第二十六次缔约方大会（COP26）上，近200个国家就《格拉斯哥气候公约》达成一致。

有资料显示，2021年我国新增新能源汽车相关企业是2020年的2.4倍；截至2021年11月，新能源汽车领域共融资70余次，总额超800亿元，超过2020年全年总额。

（5）智能航运下水启航　2021年11月5日，交通运输部印发《关于组织开展自动驾驶和智能航运先导应用试点的通知》（以下简称《通知》），决定组织开展自动驾驶、智能航运先导应用试点工作，并公布了具体的试点任务领域。

事实上，绿色、低碳和环保航运在我国的货物运输领域发挥着越来越大的作用。长江、珠江和京杭运河水系分别建设了智慧航运系统，建设了航道的数字地图、信息管理系统、航道自动化测量系统、船闸管控一体化系统、规费征收系统、视频监控系统等；构建了航行船舶、航道水下部分、航道运行状态、航道水文信息、航道两岸设施、航道健康状态等状态感知系统，实现了全天候、全区域、全过程的及时、动态、准确监控。智能航道已经开始下水启航。

虽然美国、欧盟、日本等发达国家和地区的智能交通系统起步较早而我国在智能交通领域的研究起步较晚，但是2006年后我国在智能交通领域的专利数量出现指数型增长，增长速度世界第一，2016年以后，我国在智能交通技术研发领域的专利数量世界第一，这说明我国对智能交通技术非常重视，中国的智能交通发展前景一片光明。

知识拓展

　　根据2021智慧交管、智慧交运（包含智慧停车、出租车、交通检测智慧调度、智慧公交等）和车路协同市场项目数据统计，与2020年同期相比，智能交通市场过亿项目数量及规模有所增长，市场呈现稳步增长态势。互联网科技企业华为、百度、腾讯在超大项目的参与中逐渐掌握主动，几家企业参与的项目数量高达9项，总规模（包含联合体中标）高达22.8亿，接近过亿项目总规模的25%。

华为公司推出："交通智能体"

　　2020年，华为在第三届浙江国际智慧交通产业博览会上重磅发布交通行业智能升级参考架构"交通智能体"。"交通智能体"是华为提出、客户及行业伙伴共同构建，行业共享的开放技术架构，以系统思维支撑交通行业智能升级，加速交通业务在安全、效率、体验领域的全面提升，最终实现"人悦其行、物优其流"的智慧交通愿景。华为"交通智能体"架构示意图如图1-5所示。

　　智能交互："交通智能体"的"五官"和"手脚"，是融合交通物理世界和数字世界的基础，其包括分布在路网、场站、枢纽的各种感知设备，例如智能摄像机、雷达、传感器、边缘计算设备等。

　　智能联接："交通智能体"的"躯干"，包括5G、F5G、Wi-Fi、IP等关键技术，可实现智能中枢内部的联接，及智能中枢到智能交互设备的联接，智能交互设备之间的联接，实现无缝覆盖、万物互联，从而让应用协同、数据协同及组织协同。

　　智能中枢："交通智能体"的"大脑"和决策系统，基于云基础设施，有序融合关键数字技术及能力，通过API接口供应用调用，赋能应用、使能数据，普惠AI。

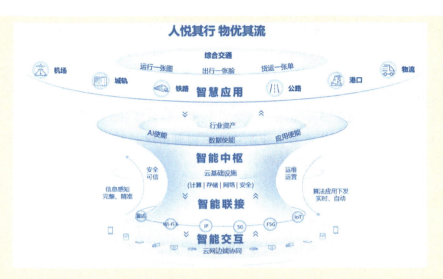

图 1-5　华为"交通智能体"架构示意图

智慧应用:"交通智能体"的价值呈现,通过与客户、伙伴的协同创新,重构体验、优化流程、使能创新,帮助交通客户在业务上实现安全、效率、体验的全面提升。

交通智能体的最大特征是云网边端协同,相比传统架构,它更强调"大脑"与"五官""手脚"的协同,让数据与 AI 算法像血液一样循环流动起来。

百度公司推出:ACE 交通引擎

2021 年 12 月 25 日,在"车路同行 双智驱动"论坛上,百度发布了《从智能网联的技术创新到数字车城的持续运营——百度 ACE"双智"实践蓝皮书》。作为业内首部关于智慧城市基础设施与智能网联汽车协同发展实践的报告,蓝皮书基于百度在十余座城市的实践经验,总结分析了"双智"协同发展的关键问题,提出了"双智"可实现的产品技术路径,并探讨了可持续的智能交通运营商模式。百度 ACE 交通引擎架构示意图如图 1-6 所示。

图 1-6　百度 ACE 交通引擎架构示意图

百度"ACE 交通引擎"采用"1+2+N"的系统架构,即"一大数字底座、两大智能引擎、N 大应用生态"。

一大数字底座,指"车""路""云""图"等数字交通基础设施,包括小度车载 OS、飞桨、百度智能云、百度地图。

两大智能引擎,分别是 Apollo 自动驾驶引擎和车路协同引擎。

N 大应用生态,包括智能信控、智能停车、交通治理、智能公交、智能货运、智能车联、智能出租、自主泊车和园区物流等。

请按照"任务工单 2　认知智能交通系统的发展历程"要求完成本任务。

任务 3　认知智能交通系统的发展趋势

本次任务主要学习智能交通系统的发展趋势,目的是使学生通过分析现代信息技术,初步了解智能交通系统的发展方向,提前进行知识积累和能力储备。

知识目标
1. 了解智能交通系统未来的发展趋势。
2. 了解未来智能交通系统需要哪些知识储备。

素养目标
提升学生分析问题的能力。

知识准备

交通运输业是国家的基础产业,也是支撑经济社会发展的基础设施,其在优化国家产业布局、促进经济结构调整、降低发展成本、减少环境污染等方面具有极为重要的战略作用。从技术的角度,物联网、云计算、大数据、人工智能等现代信息技术处理能力将成为未来智能交通发展的核心技术。为此,世界各大强国纷纷加大对智能交通系统发展的研究力度。2020 年 3 月,美国智能交通系统联合计划办公室(Intelligent Transportation System Joint Program Office, ITS JPO)发布了《智能交通系统战略规划 2020—2025》,描述了未来五年美国智能交通领域的重点任务和关键举措。2021 年 2 月,中共中央、国务院发布《国家综合立体交通网规划纲要》,提出加快建设交通强国,构建现代化高质量国家综合立体交通网的规划方案。总体上，智能交通系统未来的主要发展趋势可以概括为以下几个方面。

一、智能交通新基建的应用部署将全面推进

近年来，以 5G、人工智能、自动驾驶等新技术为核心的新型基础设施建设如火如荼，美国以公路智能运维和车联网技术部署为契机推进基础设施智能化升级改造，日本以高速公路和重要交通枢纽节点为载体推进新型基础设施更新升级，欧洲推动跨国统一的核心网络信息化通道基础设施建设，世界各国紧锣密鼓布局新型基础设施发展。

2020 年 3 月，中共中央政治局常务委员会召开会议提出加快新型基础设施建设进度，我国新基建发展进入快车道。当前应大力推进基于科技端的智能交通基础设施部署，通过建设智慧道路、智慧高速和智慧枢纽等"硬"的新基建（设施数字化）以及城市交通大脑、智慧停车云平台、MaaS（Mobility as a Service，出行即服务）服务平台等"软"的新基建（数字设施化），拉动新一轮经济的高质量发展。新基建七大领域及产业链示意图如图 1-7 所示。

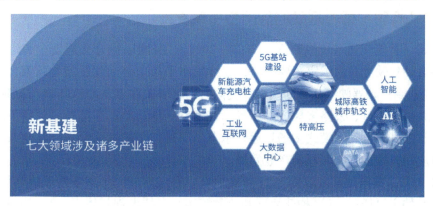

图 1-7　新基建七大领域及产业链示意图

二、基于大数据的城市交通治理能力将不断提升

数据交换共享将作为未来工作的重点之一，开发研究数据交换共享的机制，构建普遍性、一致性、可信赖的访问权限，完善 ITS 生态系统内交通数据的数据访问、共享渠道，推动数据与自动驾驶、人工智能应用程序、运输服务以及基本公共服务的加速集成。同时，数据流量和类型的爆炸式增长以及用户、网络和设备的智能化，也为 ITS 发展带来了风险。改善网络安全、稳定网络运营作为未来 ITS 数据共享平台建设的重点，必须提升网络防护级别，提高抵抗或拦截潜在威胁和风险的能力，并加强系统在遭受黑客袭击、信息窃取等事故时韧性恢复能力。基于大数据的城市智能交通应用如图 1-8 所示。

数据驱动的交通治理将以国家发展规划为依据，以问题需求为导向，各城市因地制宜地开展交通治理范式研究。国家层面，将重视交通大数据的共享开放和集成应用，构建面向不同数据类型、不同对象、不同权限的交通数据分级开放共享机制，推动铁路、航空等大交通与地铁、公交等城市交通数据连通。区域/城市层面，经济发达的城市群和都市圈协同构建区域级交通大数据中心，不同城市应具体结合城市规模、治理场景、经济财力等因素差异化选

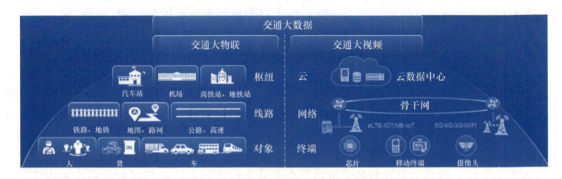

图 1-8　基于大数据的城市智能交通应用

择分布式、集中式等城市交通大数据平台建设模式，推动数据赋能运行监测、公交运营、设施管养、运输管理等核心业务。

三、自动驾驶和智能网联的应用将加速发展

根据美国《智能交通系统战略规划 2020—2025》，美国以提升交通安全和运输效率为核心目标，将自动驾驶上升为国家重要战略，连续发布了 4 个自动驾驶指导政策，从自动驾驶 1.0、2.0、3.0 到自动驾驶 4.0 不断演进。美国自动驾驶关注点从小汽车自动化延伸至公交、货运物流，并推动港口、公路多模式多场景示范运营；推动单车智能技术的研发应用，从封闭测试到开放测试，再到多模式多场景运营示范。同时，美国运输部选择在复杂区域试点车路协同技术应用，推进整个车联网产业发展。

2020 年 2 月，我国国家发改委等 11 部委联合发布《智能汽车创新发展战略》，提出我国未来智能汽车的主要任务：1）构建协同开放的智能汽车技术创新体系；2）构建跨界融合的智能汽车产业生态体系；3）构建先进完备的智能汽车基础设施体系；4）构建系统完善的智能汽车法规标准体系；5）构建科学规范的智能汽车产品监管体系；6）构建全面高效的智能汽车网络安全体系。

四、MaaS 出行服务体系将逐渐完善

美国运输部在 2020 年 3 月正式启动完整出行（ITS4US）项目，计划投资 4000 万美元在全国范围内开发和部署满足不同群体的智能出行解决方案，重点在行程规划、无障碍公交、户外导航、室内导航、路口安全等方面形成可复制的出行模式，预计未来三年实现无障碍公交的残疾人出行满意度达 80%，预约出行者的时间减少 40%，路口事故率减少 20% 等目标。MaaS 出行服务体系应用示意图如图 1-9 所示。

中国正步入高品质出行服务的体验经济时代，将坚持以人为本的理念为全体出行者（包括残疾出行者、农村地区出行者、低收入出行者等）提供安全、可靠、便捷的全链条出行服务，打造体验经济时代新老业态融合发展的服务 2.0 模式。MaaS 出行即服务的理念，是以数据衔接出行需求与服务资源，推动公交、出租等传统道路客运与网约车、定制公交、分时租赁等领域新老业态融合发展，提供从单方式到多方式融合衔接的按需响应、随需而行的高质服务。

图1-9　MaaS出行服务体系应用示意图

五、开放聚合的智能交通发展生态圈将不断扩容

美国运输部构建了智能交通发展的完整生态，ITS JPO统筹构建智能交通架构和技术标准，搭建智能交通专业能力，协同联邦公路管理局、联邦运输管理局等多部门以及专业团体、学术机构，共同推进智能交通技术部署应用。

随着社会的迅速发展，中国智能交通发展协调机制将进一步完善，转变以政府为主导的智能交通建设模式，加强政府、产业、科研机构、高校、企业多方合作，打造开放聚合的智能交通生态圈。政府通过法律法规支持、政策鼓励和机制体制协调指导市场良性发展，市场以创新性应用为原则，推动智慧地铁、智慧公交、智慧枢纽、智慧口岸等新业态模式发展。同时，完善智能交通宣传应用渠道，强化与利益相关者的沟通交流，使智能交通为民服务、深入人心。

知识拓展

《国家综合立体交通网规划纲要》专栏

（规划期：2021—2035年）

专栏一：2035年发展目标

1）便捷顺畅。享受快速交通服务的人口比重大幅提升，除部分边远地区外，基本实现全国县级行政中心15分钟上国道、30分钟上高速公路、60分钟上铁路，市地级行政中心45分钟上高速铁路、60分钟到机场。基本实现地级市之间当天可达。中心城区至综合客运枢纽半小时到达，中心城区综合客运枢纽之间公共交通转换时间不超过1小时。交通基础设施无障碍化率大幅提升，旅客出行全链条便捷程度显著提高，基本实现"全国123出行交通圈"。

2）经济高效。国家综合立体交通网设施利用更加高效，多式联运占比、换装效率显著提高，运输结构更加优化，物流成本进一步降低，交通枢纽基本具备寄递功能，实现与寄递枢纽的无缝衔接，基本实现"全球123快货物流圈"。

3）绿色集约。综合运输通道资源利用的集约化、综合化水平大幅提高。基本实现交通基础设施建设全过程、全周期绿色化。单位运输周转量能耗不断降低，二氧化碳排放强度比

2020年显著下降,交通污染防治达到世界先进水平。

4)智能先进。基本实现国家综合立体交通网基础设施全要素全周期数字化。基本建成泛在先进的交通信息基础设施,实现北斗时空信息服务、交通运输感知全覆盖。智能列车、智能网联汽车(智能汽车、自动驾驶、车路协同)、智能化通用航空器、智能船舶及邮政快递设施的技术达到世界先进水平。

5)安全可靠。交通基础设施耐久性和有效性显著增强,设施安全隐患防治能力大幅提升。交通网络韧性和应对各类重大风险能力显著提升,重要物资运输高效可靠。基本建成陆海空天立体协同的交通安全监管和救助体系。交通安全水平达到世界前列,有效保障人民生命财产和国家总体安全。

专栏二:国家综合立体交通网布局

1)铁路。国家铁路网包括高速铁路、普速铁路。其中,高速铁路7万公里(含部分城际铁路),普速铁路13万公里(含部分市域铁路),合计20万公里左右。形成由"八纵八横"高速铁路主通道为骨架、区域性高速铁路衔接的高速铁路网;由若干条纵横普速铁路主通道为骨架、区域性普速铁路衔接的普速铁路网;京津冀、长三角、粤港澳大湾区、成渝地区双城经济圈等重点城市群率先建成城际铁路网,其他城市群城际铁路逐步成网。研究推进超大城市间高速磁悬浮通道布局和试验线路建设。

2)公路。包括国家高速公路网、普通国道网,合计46万公里左右。其中,国家高速公路网16万公里左右,由7条首都放射线、11条纵线、18条横线及若干条地区环线、都市圈环线、城市绕城环线、联络线、并行线组成;普通国道网30万公里左右,由12条首都放射线、47条纵线、60条横线及若干条联络线组成。

3)水运。包括国家航道网和全国主要港口。国家航道网由国家高等级航道和国境国际通航河流航道组成。其中,"四纵四横两网"的国家高等级航道2.5万公里左右;国境国际通航河流主要包括黑龙江、额尔古纳河、鸭绿江、图们江、瑞丽江、澜沧江、红河等。全国主要港口合计63个,其中沿海主要港口27个、内河主要港口36个。

4)民航。包括国家民用运输机场和国家航路网。国家民用运输机场合计400个左右,基本建成以世界级机场群、国际航空(货运)枢纽为核心,区域枢纽为骨干,非枢纽机场和通用机场为重要补充的国家综合机场体系。按照突出枢纽、辐射区域、分层衔接、立体布局,先进导航技术为主、传统导航技术为辅的要求,加快繁忙地区终端管制区建设,加快构建结构清晰、衔接顺畅的国际航路航线网络;构建基于大容量通道、平行航路、单向循环等先进运行方式的高空航路航线网络;构建基于性能导航为主、传统导航为辅的适应各类航空用户需求的中低空航路航线网络。

5)邮政快递。包括国家邮政快递枢纽和邮路。国家邮政快递枢纽主要由北京天津雄安、上海南京杭州、武汉(鄂州)郑州长沙、广州深圳、成都重庆西安等5个全球性国际邮政快递枢纽集群、20个左右区域性国际邮政快递枢纽、45个左右全国性邮政快递枢纽组成。依托国家综合立体交通网,布局航空邮路、铁路邮路、公路邮路、水运邮路。

专栏三：国家综合立体交通网主骨架布局

6条主轴：

1）京津冀—长三角主轴。路径1：北京经天津、沧州、青岛至杭州。路径2：北京经天津、沧州、济南、蚌埠至上海。路径3：北京经天津、潍坊、淮安至上海。路径4：天津港至上海港沿海海上路径。

2）京津冀—粤港澳主轴。路径1：北京经雄安、衡水、阜阳、九江、赣州至香港（澳门）。支线：阜阳经黄山、福州至台北。路径2：北京经石家庄、郑州、武汉、长沙、广州至深圳。

3）京津冀—成渝主轴。路径1：北京经石家庄、太原、西安至成都。路径2：北京经太原、延安、西安至重庆。

4）长三角—粤港澳主轴。路径1：上海经宁波、福州至深圳。路径2：上海经杭州、南平至广州。路径3：上海港至湛江港沿海海上路径。

5）长三角—成渝主轴。路径1：上海经南京、合肥、武汉、万州至重庆。路径2：上海经九江、武汉、重庆至成都。

6）粤港澳—成渝主轴。路径1：广州经桂林、贵阳至成都。路径2：广州经永州、怀化至重庆。

7条走廊：

1）京哈走廊。路径1：北京经沈阳、长春至哈尔滨。路径2：北京经承德、沈阳、长春至哈尔滨。支线1：沈阳经大连至青岛。支线2：沈阳至丹东。

2）京藏走廊。路径1：北京经呼和浩特、包头、银川、兰州、格尔木、拉萨至亚东。支线：秦皇岛经大同至鄂尔多斯。路径2：青岛经济南、石家庄、太原、银川、西宁至拉萨。支线：黄骅经忻州至包头。

3）大陆桥走廊。路径1：连云港经郑州、西安、西宁、乌鲁木齐至霍尔果斯/阿拉山口。路径2：上海经南京、合肥、南阳至西安。支线：南京经平顶山至洛阳。

4）西部陆海走廊。路径1：西宁经兰州、成都/重庆、贵阳、南宁、湛江至三亚。路径2：甘其毛都经银川、宝鸡、重庆、毕节、百色至南宁。

5）沪昆走廊。路径1：上海经杭州、上饶、南昌、长沙、怀化、贵阳、昆明至瑞丽。路径2：上海经杭州、景德镇、南昌、长沙、吉首、遵义至昆明。

6）成渝昆走廊。路径1：成都经攀枝花、昆明至磨憨/河口。路径2：重庆经昭通至昆明。

7）广昆走廊。路径1：深圳经广州、梧州、南宁、兴义、昆明至瑞丽。路径2：深圳经湛江、南宁、文山至昆明。

8条通道：

1）绥满通道。绥芬河经哈尔滨至满洲里。支线1：哈尔滨至同江。支线2：哈尔滨至黑河。

2）京延通道。北京经承德、通辽、长春至珲春。

3）沿边通道。黑河经齐齐哈尔、乌兰浩特、呼和浩特、临河、哈密、乌鲁木齐、库尔勒、喀什、阿里至拉萨。支线1：喀什至红其拉甫。支线2：喀什至吐尔尕特。

4）福银通道。福州经南昌、武汉、西安至银川。支线：西安经延安至包头。

5）二湛通道。二连浩特经大同、太原、洛阳、南阳、宜昌、怀化、桂林至湛江。

6）川藏通道。成都经林芝至樟木。

7）湘桂通道。长沙经桂林、南宁至凭祥。

8）厦蓉通道。厦门经赣州、长沙、黔江、重庆至成都。

专栏四：国际性综合交通枢纽

1. 国际性综合交通枢纽集群

形成以北京、天津为中心联动石家庄、雄安等城市的京津冀枢纽集群，以上海、杭州、南京为中心联动合肥、宁波等城市的长三角枢纽集群，以广州、深圳、香港为核心联动珠海、澳门等城市的粤港澳大湾区枢纽集群，以成都、重庆为中心的成渝地区双城经济圈枢纽集群。

2. 国际性综合交通枢纽城市

建设北京、天津、上海、南京、杭州、广州、深圳、成都、重庆、沈阳、大连、哈尔滨、青岛、厦门、郑州、武汉、海口、昆明、西安、乌鲁木齐等20个左右国际性综合交通枢纽城市。

3. 国际性综合交通枢纽港站

——国际铁路枢纽和场站：在北京、上海、广州、重庆、成都、西安、郑州、武汉、长沙、乌鲁木齐、义乌、苏州、哈尔滨等城市以及满洲里、绥芬河、二连浩特、阿拉山口、霍尔果斯等口岸建设具有较强国际运输服务功能的铁路枢纽场站。

——国际枢纽海港：发挥上海港、大连港、天津港、青岛港、连云港港、宁波舟山港、厦门港、深圳港、广州港、北部湾港、洋浦港等国际枢纽海港作用，巩固提升上海国际航运中心地位，加快建设辐射全球的航运枢纽，推进天津北方、厦门东南、大连东北亚等国际航运中心建设。

——国际航空（货运）枢纽：巩固北京、上海、广州、成都、昆明、深圳、重庆、西安、乌鲁木齐、哈尔滨等国际航空枢纽地位，推进郑州、天津、合肥、鄂州等国际航空货运枢纽建设。

——国际邮政快递处理中心：在国际邮政快递枢纽城市和口岸城市，依托国际航空枢纽、国际铁路枢纽、国际枢纽海港、公路口岸等建设40个左右国际邮政快递处理中心。

实施与评价

请按照"任务工单3　认知智能交通系统的发展趋势"要求完成本任务。

项目 2

认知智能交通系统体系架构

📖 项目描述

随着社会经济和技术的快速发展，车辆数目的增加，车和路的矛盾越来越突显，比如交通拥堵、事故多、污染严重等。基于车和路之间存在的矛盾问题，无论是发达国家还是发展中国家，解决交通运输紧张的唯一办法已经不是简单的增加道路基础设施。现阶段，世界各国把电子信息技术引入运输系统中，使得交通参与者、交通管理者、交通工具及道路管理设施之间的信息交换能够做到实时和高效。出行者信息服务系统、智能公共交通系统、交通地理信息系统等有功能强大的智能化系统，不仅能解决交通拥堵问题，而且对交通安全、交通事故处理与援救、客货运输管理等都能产生巨大影响。因此，随着智能化系统的研究和面向知识信息处理的不断开发，试验范围不断扩大，智能交通系统应运而生。

任务 4　认知出行者信息服务系统

💡 任务描述

本次任务要求了解出行者信息服务系统的概念、系统构成、服务内容、关键技术。

🛠 学习目标

知识目标
1. 了解出行者信息服务系统的概念。
2. 理解出行者信息服务系统的系统构成。
3. 掌握出行者信息服务系统的服务内容、关键技术。

素养目标
以变化发展视角的思维方式培养爱国意识、责任意识、安全意识。

 知识准备

一、出行者信息服务系统的概念

出行者信息服务系统（Advanced Traveler Information System，ATIS）即以个体出行者为服务对象的综合交通信息系统。通过出行者与交通信息中心的双向信息传递从而建议或约束出行者的出行行为，以减少交通延误和拥堵。它采用信息采集、传输、处理和发布方面的最新技术成果，为广泛的出行者提供多种方式的实时交通信息和动态路线诱导功能。ATIS 的工作原理如图 2-1 所示。

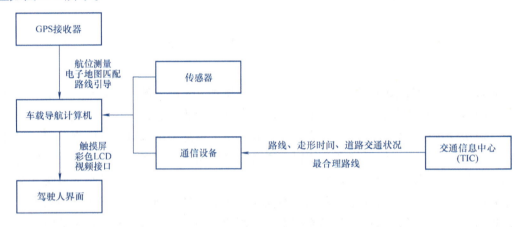

图 2-1　ATIS 的工作原理

二、出行者信息服务系统的系统构成

信息是 ATIS 有效运作的核心。出行者信息服务系统可分为 4 大子系统：信息采集系统、信息传输系统、信息处理系统、信息发布系统。ATIS 的系统构成如图 2-2 所示。

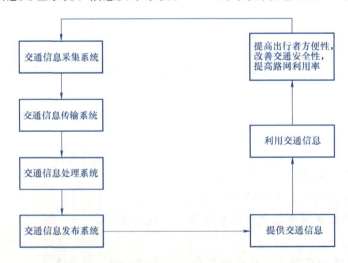

图 2-2　ATIS 的系统构成

(一)交通信息采集系统

交通信息采集系统是各种信息采集设备、采集渠道的统称,它是从各种渠道获取信息,并将信息上传给信息处理中心。信息的采集手段和方法包括:人工采集、气象分析仪采集、能见度检测仪采集、大气环境检测仪采集、车辆检测器采集、监控摄像机采集、紧急电话统计、收费站采集、随车数据记录仪采集、电子称重系统采集、气象部门采集、道路养护管理部门采集等方式。例如通过公交管理系统可以获得公交时刻表和公交的运行状态信息,由检测系统(如车辆检测器、摄像机、车辆自动定位系统等)采集。

(二)交通信息传输系统

交通信息传输方式主要有有线通信和无线通信。传输系统包括各种信息传输介质,贯穿于信息流动的全过程。信息传输方式有:电缆、光纤、微波、无线电波等。从信息的流向来看,信息传输分为单向传输和交互传输两种方式。多数信息发布系统内的信息是单向发布给信息使用者;个性化信息服务等信息是在使用者与发布系统之间进行交互传输,以完成信息的请求与反馈操作。

(三)交通信息处理系统

交通信息处理系统是信息的存储、处理、管制中心,它是信息的中转站,将原始信息处理转化为出行者能直接接收的信息。信息处理系统为信息使用者及相关交通信息资源提供中心通信接口和信息采集及信息发布相关的服务。构建信息处理系统最重要的要求是建立一个开放系统,将它设计成在分布式客户/服务器计算环境中的服务器。消费者可以在家中、办公室、旅游车、商用车、公交车、公交车站或利用随身携带的个人通信设施完成这次信息的查询、接收和交换。

(四)交通信息发布系统

采集来的交通信息经过交通管理中心的计算机处理(如数据挖掘、数据融合等),提取出对出行者有用的交通信息。交通信息发布系统包括各种发布渠道、媒体、技术。信息经处理后到达发布系统,将交通状况相关信息发布给出行者、信息服务提供商等信息使用者。信息发布系统包括:标志牌、可变信息板、可变限速标志、网页、商业电台广播、HAR(公路咨询广播)、电视、车载导航系统、电话等方式。信息发布系统所涉及的发布方式有"点-点"式(如个人定制信息服务、提供给特定信息提供商的信息服务等),"点-面"式(如标志牌、可变信息板、电台等)。

三、出行者信息服务系统的服务内容

有效的出行者信息系统需要建立广泛的、便于使用的公共信息数据库,如地理信息数据库(电子地图)、交通运行数据库、公共交通信息数据库、道路信息数据库等。以这些数据库为基础,通过有线无线通信系统,出行者信息系统可以为出行者提供多种多样的服务,按照不同的分类标准有以下几种分类方式。

（一）按照向交通出行者提供信息服务的时间进行分类

1. 出行前信息服务

出行前信息服务可使出行者在家里、单位、车内或其他出发地点访问出行前信息服务系统，以获取当前道路交通系统和公共交通系统的相关信息，为确定出行路线、出行方式和出发时间提供支持。该服务可随时提供公交时刻表和公交线路、换乘站点、票价以及合乘匹配等实时信息，以鼓励人们采用公交或合乘出行；还可以提供包括交通事故、道路施工、绕行线路、个别路段车速、特殊活动安排以及气候条件等信息，出行者可以选择最优路线出行。

2. 行驶中驾驶人信息服务

该服务通过视频或音频向驾驶人提供道路信息、交通信息和各种警告信息，帮助驾驶人修改出行路线，并为不熟悉地形的驾驶人提供向导服务。道路信息包括道路几何信息和路面状况信息。道路几何信息包括预先向驾驶人提供的收费站、交叉口、隧道、纵坡、路宽、道路养护施工等前方道路几何构造情报；路面状况信息包括路面破损、潮湿、积雪、冻结情况等。交通信息包括路网交通拥挤信息、交通事故信息、平均车速与行程时间等动态信息，警告信息包括冰雪风霜等气象信息和特殊事件信息。这些信息可以帮助在途驾驶人顺利到达出行终点。

3. 途中公共交通信息服务

该服务利用先进的电子、通信、多媒体和网络技术，使已经开始出行的公交用户在路边、公交车站或公交车辆上，通过多种方式获取实时公交出行服务信息，以便乘客在出行中能够对其出行路线、方式和时间进行选择和修正。

（二）按照信息系统所提供的信息内容的不同进行分类

1. 个性化信息服务

个性化信息是指满足特定出行者个体需要的信息。个性化信息服务针对的用户主体为出行者，包括乘客、行人、非机动车驾驶人、游客等，通过多媒体以及个人便携装置接收个性化信息和访问个性化信息服务系统，以获取出行有关的设施信息等，此类信息包括餐饮服务、停车场、汽车修理厂、医院、警察局等地址、营业或办公时间等。

2. 路线诱导服务

该服务利用先进的信息采集、处理和发布技术为驾驶人提供实时交通信息，并通过实时的路线优化和路线诱导达到减少车辆在途时间的目的。其中，路线优化是按照驾驶人、出行者和商业车辆管理者等用户的特定需要确定最佳行驶路线的过程，用户的特定需要包括路程最短、时间最短、费用最少等；而路线诱导是指运用多种方式将路线优化结果告知用户的过程，路线诱导的方式包括语音、文字、简单图形和电子地图等。

（三）按照信息流的集成程度及系统功能分配的不同进行分类

1. 自动导航服务

自动导航系统能对行驶中的车辆进行实时导航。它是一个静态系统，在独立的车辆上装备有定位设备和历史地图数据库，车辆不与信息中心进行通信，使用一个单独记录过去交通状况、路网信息的数据库。信息采集、分析处理以及传送都在车上独立完成。自动导航系统如图 2-3 所示。

2. 中心式单向通信导航服务

该服务由交通信息中心单方面向交通参与者提供实时动态交通信息，交通信息中心将通过各种渠道采集的道路交通信息经处理后定时发送给路网上行驶的车辆。驾乘人员借助车载信息接收设备获取实时交通路况来动态调整行驶路线。

图 2-3　自动导航系统

3. 中心式双向通信导航服务

在此服务中，车辆和交通参与者不再是被动的信息接收者，同时也是交通信息采集者。车辆可以提供通过某一路段的行程时间、车速，而驾驶人可以获取交通流量等交通信息。

四、出行者信息服务系统的关键技术

（一）交通信息采集与融合技术

交通信息采集与融合技术可以收集实时交通数据、实时响应交通流量变化，预测交通堵塞、检测并传送交通事故或给出交通诱导信息。数据融合技术是协同、利用多源信息，以获得对同一事物或目标的信息综合处理技术。融合是指采集并集成各种信息源、多媒体和多格式信息，从而生成完整、准确、及时和有效的综合信息。它比直接从各信息源得到的信息更简洁、更少冗余、更有用途。

对于静态基础数据（如路网结构数据等）的处理主要是进行格式处理后以数据库或数据仓库的形式加以存储，并定期根据需求进行维护更新，按访问权限提供查询。数据融合处理主要是针对实时动态数据。在实时动态数据的基础上形成交通流历史数据库，针对历史数据库，对交通发展态势等做出趋势分析，进一步还可实现高级数据融合。

（二）交通信息发布技术

实时交通信息的发布涉及信息的采集、处理、编码、管理以及传送，广泛利用互联网、固定通信、移动通信系统等多种媒体发布手段，通过手机、电话、车载终端、计算机等设备上的多媒体发布，实现交通信息的随时随地访问。

（三）异构系统集成技术

异构系统集成技术必须要解决策略和安全问题。系统的各个参与节点需要公用的协议去执行预先制订的资源共享规则和策略。参与者的角色和参与者之间的关系必须有明确的定义，因此还需要一个有效的跨节点的信任和权限管理系统来管理复杂的关系。另外，在软件方面，为了有效地共享动态并且异构资源，软件模块必须是可移植的且可互相操作的，还需要一套标准的协议来支持模块与模块之间、节点与节点之间、用户与服务提供者之间、用户与用户之间的信息共享和协作。

（四）动态路径规划技术

动态路径规划技术是基于排列组合理论和运筹规划算法编写出动态路径软件，根据用户出行请求的起点和目的地，经软件计算生成若干种路径规划方案，结合最新交通信息（如封闭路段、堵塞路段和禁行路段等）对所有方案进行修正，隔离出不可执行方案，给出可执行预期时间，并实时调整。另外动态路径规划技术还可对方案进行技术评价，推荐出最快方案和最经济方案。

城际、省际路径规划需要获得局域网数据传输支持。整个网络的城市信息模块信息出入口很多，需要获得城市信息模块信息出入口标识技术的支持而将域内所有城市信息出入口做统一编码标识予以区别。与出入口连接的模块外路段应该制作与相应出入口相同的标识，以方便规划路径入城对接。信息出入口应按公路铁路、航空和船舶航线做必要的分类标识，对变数较小的铁路和航线标识应视具体情况少做或不做。

实施与评价

请按照"任务工单 4　认知出行者信息服务系统"要求完成本任务。

任务 5　认知智能公共交通系统

任务描述

本次任务要求了解智能公共交通系统的概念和组成，重点学习智能公共交通运营管理系统及智能调度系统。

学习目标

知识目标
1. 了解智能公共交通系统的概念。
2. 了解智能公共交通系统的组成。
3. 了解智能公共交通运营管理系统、智能调度系统。

素养目标
提升学生分析问题的能力。

知识准备

一、智能公共交通系统的概念

智能公共交通系统利用信息技术有效改进公交服务，将先进的电子技术应用到使用效率高的公共汽车、轨道交通以及车辆全程的使用与运行中。

智能公共交通系统用于解决交通日益拥堵情况下的出行问题，其基本出发点是为乘客服务，尽量减少乘客在途中的延误，在空间和时间的衔接上更加完整。智能公共交通系统如图2-4所示，其为出行者提供全面的交通信息，使乘客以最便捷的途径到达目的地。智能公共交通系统是智能交通系统的重要子系统，能够实现公交调度、运营、管理的信息化、现代化和智能化，为出行者提供更加安全、舒适、便捷的公共交通服务。

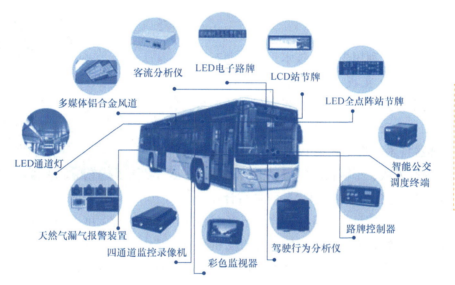

图2-4　智能公共交通系统

二、智能公共交通系统的组成

智能公共交通系统的组成如图2-5所示，其包括智能公共交通运营管理系统、智能公共交通运输安全系统、智能公共交通信息服务系统等。

（一）智能公共交通运营管理系统

智能公共交通运营管理系统，是为管理城市道路公共交通情况而开发的大型集成系统，目的是实现交通管理的现代化、实时化和信息化。该系统能够实时采集道路公交信息，及时准确地确定公交车辆位置，方便乘客查询，对经济事务做出迅速反应。重庆两路口实时交通路况如图2-6所示。智能公共交通运营管理系统主要负责公交车日常的运营管理，实现智能调度、设备人员的管理和电子收费。

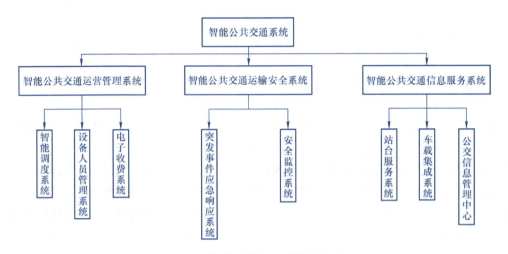

图 2-5　智能公共交通系统的组成

1. 智能调度系统

智能调度系统是利用先进的技术手段，动态地获取实时交通信息，实现对车辆的实时监控和调度。智能调度系统如图 2-7 所示。智能公交的调度和管理主要结合 GPS、GIS、GPRSVPN（移动数据通信）、传感器技术，将车辆的状态信息（包括位置、速度、乘客人数、车辆状况）等实时传送回调度中心，将目标的空间、时间和状态信息结合在一

图 2-6　重庆两路口实时交通路况

起，产生有效的决策信息，并且能够响应调度中心的指令，执行调度中心的策略，是一个有效的闭环的控制系统，实现了车辆的自动调度和监控。其中，信息的反馈是通过公交车上的车载终端系统来实现的，它能实时接收并处理调度系统发出的信息，并可以通过通信设施与调度室进行双向信息交流。

（1）公共交通智能调度管理系统的组成　公共交通智能调度管理系统由运行调度管理子系统、车辆监控指挥子系统、车载终端系统、企业综合信息系统、站务管理系统、电子站牌系统组成。运行调度管理子系统是系统的核心部分，目标是实现公交调度的智能化。对公交车辆的运营调度起辅助决策作用，实现车辆调度的智能化，从内部讲，将提高公交运输管理的集约化水平，实现公交车辆的动态监控；从外部讲，将提高公交运输的服务质量，提高社会效益，改变原来的调度人员对公交车辆运营信息不清，路况不明，仅凭经验调度的方式。该系统运用智能化调度手段，通过汇集调度专家级调度预案形成调度经验和知识库，借助模型及智能优化算法，在大量分析历史数据基础上，形成辅助决策，从而提高调度员的判断能力和决策水平。该系统以最低的成本完成车辆的运营调度职能，以最少的车辆资源完成最大的运力，从而提高公交车辆整体运营效率和服务质量。

1）运行调度管理子系统。该子系统能够根据线路的行车计划、车辆的信息、司乘人员的信息，自动生成每天的配车排班表。一般系统会按照编排好的计划表控制发车。特殊情况

项目2　认知智能交通系统体系架构　029

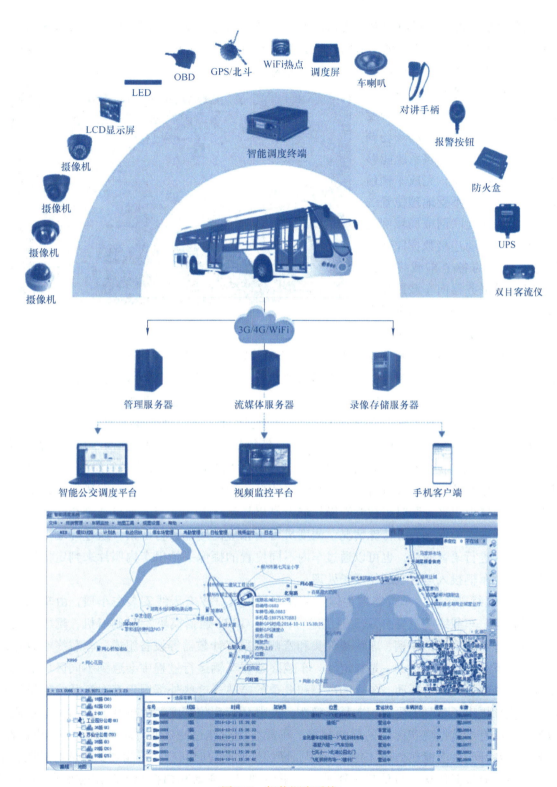

图 2-7　智能调度系统

下可根据现场情况做出适时调整，实际行车记录可以作为行车计划调整修改的参考数据，使得行车计划调整策略更为合理。考勤表的历史查询功能也为调度员进行常规和现场调度提供参照依据，因此排班人员和调度员的工作量大为减少。

2）车辆监控指挥子系统。实时监控调度控制中心实现调度员对行驶中车辆驾驶人的现场调度、实时监控功能，该系统能够接收车辆定位数据，完成车辆信息的地图映射，不受地理位置的限制，安装在互联网或局域网的客户端，会主动连接数据库获取服务器分发的各个车载终端信息，并通过服务器向车载终端发送调度指令。车辆监控指挥子系统如图2-8所示。其功能包括地

图 2-8　车辆监控指挥子系统

理信息和数据信息的输入和输出、地图的显示和编辑、车辆和道路等信息的空间数据查询、GPS定位数据的接收和处理、GPS数据的地图匹配、车辆状态信息的处理显示、发车预报、公交车实时监控、意外情况的报警处理以及车辆运行数据的保存及管理等。基于GPS车载单元传过来的信息，调度控制中心就能从计算机上看到线路运行中的车辆实况。在电子地图上，闪烁的数字代表自编车号，单击"车辆查询"，就能知道此车的号牌、当前车速、所在路名。安装GPS定位终端的公交车，能向总站发出"事故""抛锚""拥挤""纠纷"等各种信号。采用智能管理系统，调度人员对线路行车情况清楚，调度指令文字显示在车辆车载终端上并以语音方式播放出来，同时车载终端操作屏发亮以提示驾驶人注意。如果遇到交通事故、交通堵塞、驾驶人突发疾病等特殊情况，调度员可给相应的终端拨打电话，通过终端上通话手柄与驾驶人进行语音通话，也可以通过车内不同位置的摄像头拍摄车内照片来判定情况并及时调度应急车辆投入运营或赶往现场处理。

3）车载终端系统。车载终端主体安装在车辆内部，仅有天线安装在车顶，由车辆蓄电池持续供电。车载终端主要由GPS卫星定位模块，GPRS通信模块，IC刷卡机，驾驶人用键盘、LCD显示屏和通话手柄、车内摄像头和音响、乘客计数器等设备组成。车载终端设备的品质由以下几个特性决定：一是稳定性。车载终端在车辆运行过程中会遇到不同区域的电磁干扰、车辆颠簸带来的振动、冬季的严寒和夏季的酷热。这些外部因素都对车载终端结构和电路的设计提出了苛刻的要求。二是精确性。民用GPS定位精度一般在10m左右，往往通信数据中常混有严重偏离实际值的异常数据，车载终端应能过滤这些异常数据。三是快捷性。车载终端在开机后应能在1min内找到卫星，断线恢复响应时间应尽可能短。四是功能性。车载终端应具有实时传送定位信息、驾驶人上下岗刷卡、通话和捕捉视频时定位信息不中断、日终传送IC卡刷卡总量数据等功能。

4）企业综合信息系统。企业综合信息系统集成了营运服务管理模块、配件管理模块、

后勤管理模块、修理厂管理模块、营运核算管理模块、人力资源管理模块、安全技术管理模块等。系统架构应采用浏览器/服务器模式以满足不同用户的需求。数据上，应与公交 IC 卡系统和公交智能调度综合管理系统各子系统实现数据共享。在信息流管理方面，可方便录入、处理、查询和统计营运生产信息。相关统计报表例如车况、客流、服务、出车率、准点率可为全面评估和掌握运营情况提供参考依据。在管理流程方面，资源管理、员工考勤、人员排班、车辆排班、发车、加油、报修、包车、维护、车辆年审等流程将在监督下按计划实施。部分模块功能举例说明如下：营运核算管理模块主要包括车辆运营班次、里程、产值、综合消耗、司乘人员的产值、节约提成、奖罚等核算；安全技术管理模块主要包括车辆综合档案、修理轮胎考核、报废、事故档案、保险公司赔付情况、车辆审验、驾驶人车照审验、人员技术状况考核等事务的管理。

5）站务管理系统。站务管理系统包括站内使用大屏幕和语音为休息的驾驶人提示发车时间（或通知以及紧急调度命令）、站内应急资源的管理、站务调度人员和调度中心的通信。该系统大大减少了现有站内调度人员的工作量，甚至可实现全部站内事务由系统代管。

6）电子站牌系统。调度中心可以检测到驶进工作范围内的所有公交车辆信息（如乘客数量、故障信号、车辆位置、行驶速度等），将数据综合分析，再通过通信网络发给电子站牌，使等车乘客可准确获取车辆信息，全路线所有车辆的位置可动态刷新。若有突发情况，监控中心也将及时通知相关部门，以便及时采取解决方案，保证公共交通安全畅通地运行。电子站牌内部结构如图 2-9 所示。

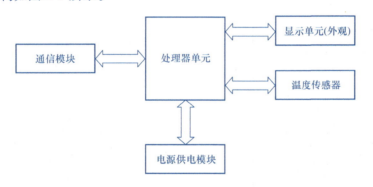

图 2-9　电子站牌内部结构

通常电子站牌外观由三部分组成：LED 屏、公交线路表及固定公告牌。电子站牌外观如图 2-10 所示。LED 屏用来显示最近的公交车将有多长时间到达本站，以及时间和天气信息，也可用来分屏显示字幕和图形广告。公交线路表提供基本线路信息。固定公告牌提供图像要求较高的商品广告。每个电子站牌就像一部计算机，可以及时通过无线网络接收由服务器发来的公交车行驶信息，每辆车的卫星定位信息经调度中心分选后将发送给相应线路

图 2-10　电子站牌外观

的电子站牌。电子站牌还可接收调度中心发来的即时消息或者最新新闻动态，为乘客在等车期间提供信息服务。

(2) 智能调度模式

1) 新旧调度模式的对比。原始的调度方法是调度人员根据公交线路客流到达规律，凭借经验确定发车间隔和发车形式的调度方法，存在以下缺点：行车计划难以执行；车辆调度过多依赖经验值、及时性差；人工调度操作繁琐、劳动量大；人为因素过多参与调度，考核标准不规范。智能调度的方法是根据实时客流信息和交通状态，在无人参与的情况下自动给出发车间隔和调度形式的全新的调度方法，存在以下优点：以实时数据和历史数据作为系统的支撑点，行车调度更加灵活；均车操作更多依赖实时车辆反馈信息，可以达到当圈均车，时效性更好；公交调度更多地借助计算机实现自动调度，能减少公交调度人员的劳动量和公交调度人员；公交调度人为因素大大降低，更多地依据公交公司的营运指标进行调度；驾乘人员考核标准更加详细、实时数据支持的力度将更大，能对公交营运数据进行挖掘，量化营运指标，达到公司利益最大化。新旧调度模式的对比图如图2-11所示。

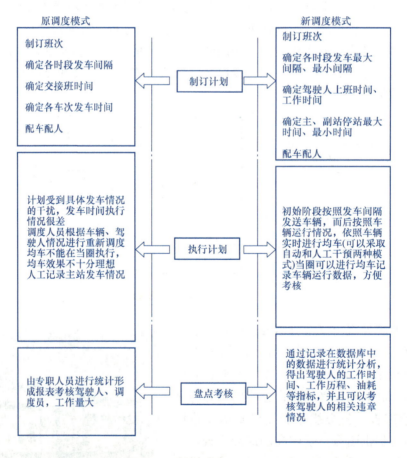

图2-11 新旧调度模式的对比图

2) 调度模式的实现及解决方案。

① 线路上车辆运行周转时间计算方法。依据高低谷时段进行划分，分为以下两种方法：

高峰时段周转时间计算法和低谷时段周转时间计算法。这两种方法主要在主副站的停车时间的确定上有差异。在高峰阶段，在保证出车率的情况下，不仅要增加车辆，更需牺牲更多的停站时间，来确保高峰出车率。在低谷阶段还要考虑交接班、末班车等因素，来限定主副站停站时间。同时还要参考线路上运行车辆的实时数据，对即将发出的车辆的发车时间进行实时修正。

② 优化计算所得发车间隔发车。问题的提出：当以分钟为基准单位进行发车间隔计算时，计算所得的发车间隔会出现小数的情况，因此需要将发车间隔进行优化。问题的解决方法：采用半秒发车策略，这样可以在形式上满足需要。先紧后松法、先松后紧法：例如计算所得的周转时间为70min，有20辆车，如果以分钟为单位发车的话，应该有10个发车间隔为4min，10个为3min，那么就采取一种策略去分配这些发车间隔，例如当前时间为高峰期时，可以采用3min间隔发车，满足高峰车次尽量多的营运要求；当前时间为低谷期时，可采用3min或4min间隔发车，以满足用户的需求，只要按照线路的具体情况进行配置，就能使系统发挥出更大的效能。

③ 智能调度模式对异常情况处理。在实时调度过程中，经常出现车辆故障、驾驶人不能出勤等特殊情况，最终会导致车辆不能在线路上正常运行，即涉及车辆的入队和出队问题。出队、入队处理情况：由于新的调度模式不是照搬原始行车计划发车时间，而是以时间间隔为基准进行车辆调度，同时依据均车实现逻辑，可以确保由于某辆车的出队、入队引发的发车间隔变大、变小分配到当圈运行的每一辆车上，继而达到有效均匀的目的，对公交营运调度产生的影响将最小化。均车调度逻辑分析如图2-12所示。

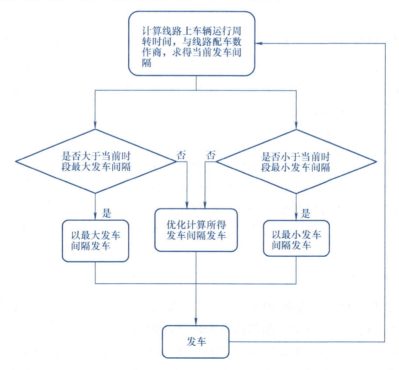

图2-12 均车调度逻辑分析

入队原则的设定：

a. 依照班次法：如果车辆正好到达车站，恰是它的班次而且调度员将它发出，那么该方法车辆的利用率还是能够达到最大化的。但若由于驾驶人、调度员的人为因素干预，出现故意不及时到站、不发该车次等情况，将造成车辆利用率不高。

b. 随到随发法：该种方法可以提高入队车辆的利用率，但通常会打破原班次的执行，导致发车车辆间隔变大，车辆入队后仍要进行均车逻辑实现。

c. 人工干预：通过调度员的调度经验，可以人工干预车辆的入队、发车。

④ 智能调度模式下交接班的处理。在高峰期，由于路面状况较复杂，通常车辆平均速度减慢，导致上下行时间增长，而当高峰过后，车辆的平均运行速度又增加，导致上下行运行时间减少，可用交接班环去描述这种状况，如图 2-13 所示。

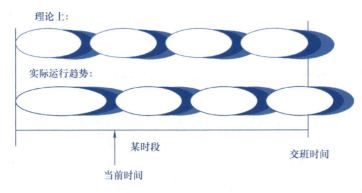

图 2-13　交接班环表示

通常需要在高峰过后，对车辆发车间隔进行调整，以求最大限度地满足交班的要求，满足交班要求，不能放在最后一班去进行，那样不能有效实现，一般将这部分调整放到高峰过后的第一个班次就开始执行，用一个大时间段来达到满足交班时间的目的。而这部分的调整一般放在主副站停车时间间隔上。

2. 设备人员管理系统

该系统利用计算机强大的辅助处理功能，不仅能够掌握路上交通情况和乘客的需求情况，同时还能实时监控设备设施和人员工作状况，加强对设备和工作人员的管理。在对数据管理和分析的时候，这些数据能够反映设备设施的性能和运行状态，提前预知其有可能出现的故障，避免事故发生；及时对工作人员传达指令，同时对工作人员起到监督作用，保证其处于良好的工作状态。

3. 电子收费系统

随着传统的 IC 卡公交收费系统的逐渐普及，人们对于公交收费也提出了更多更新的要求：乘客需要更方便的票制和更优惠的价格来适应各种公交方式的换乘；公交公司、轨道公司、出租车公司也需要迎合乘客的需求，力求以收费方式智能化来提高效率。当前，普遍被认可的公交收费发展趋势就是通过"一卡通"等统一的电子货币支付方式来初步实现收费智能化和公交一体化。这需要在制订公交票制的时候，必须考虑到公交一体化系统中常规公交、轨道交通等各公交方式协同服务情况下的乘客票制需求。新的收费系统要通过网络和计算机建立数据接口，实现各种公交方式之间的"无缝衔接"，利用智能化电子识别系统衔接各种公交方式的票价，消除各种公交方式之间换乘的附加费用，以达到"一个行程、一张票卡、一个价格"的目标。

（二）智能公共交通运输安全系统

智能公共交通运输安全系统主要包括基础设施在内的公交全部设施及相关人员的安全，具体包括监控过程中信息的采集、处理和发布。

1. 安全监控系统

该系统设立一个总的监控室，全面负责交通安全监控各种信息的采集和数据图像分析。该系统与其他系统之间在设备上有数据接口连接，一方面利用其装置进行监控，如在智能调度的过程中对车辆的运行状况和位置进行确定，用闭路电视对车辆、车站和基础设施的图像进行采集；另一方面对其他系统发布安全状况信息，尤其是对信息平台的信息传输。

2. 突发事件应急响应系统

安全监控系统的分析结果用"危机态""准危机态""准安全态"和"安全态"作为指标。当分析的结果介于某个状态的域值时，信号系统就会亮出相应的信号。这些信号同时会传输给应急响应系统和信息平台。应急响应系统得到信号的指示时立即启动相应级别的措施。如果有交通安全隐患出现，要对存在安全隐患设备、人员进行隐患消除工作。一旦出现交通事故或是突发事件，监控室就改设成临时指挥中心，负责救援行动的全局部署。信息平台得到信息后会根据不同的发布对象对信息整合处理后进行传输，一方面保证其他系统采取相关的措施，也利用其他系统协助安全系统进行警报救援等工作。

（三）智能公共交通信息服务系统

智能公共交通信息服务系统是面向公共交通使用者的交通信息系统。它主要采用 GPS 技术和 GSM 技术将公交控制中心与公交车辆实时联系起来，得到最新的公交运行信息。同时信息管理中心和车辆通过无线模块与智能站台进行通信，通过各种方式发布最新信息，真正地实现实时、准确、高效。它由公交信息管理中心、车载集成系统和站台服务系统 3 个子系统组成。

1. 公交信息管理中心

公交信息管理中心采用先进的 GPS 时间空间同步定位系统与 GIS 电子地图自动匹配技术对公交车辆运行信息进行采集，并对这些信息进行特征分析和处理，使其更有助于使用者出行、换乘和出发时间的选择，改善使用者方便程度。管理中心可以通过车内信息装置、手提装置或电子站牌等各种方式将信息发布给公众。

2. 车载集成系统

它是一个集成化、模块化系统，它要实现报站、收费和与其他系统通信等功能。车载集成系统的集成化和模块化设计能最大限度发挥各功能模块的作用。同时，设计生产集成化可以提高系统的工艺水平和稳定性。

3. 站台服务系统

站台服务系统包括电子站牌系统和候车基础设施等。电子站牌是由到站信息显示、乘客数量信息显示、环境温度显示以及通信单元组成。其基本功能是显示车辆到站信息、本站各车次行驶路线和车辆到达时间预测显示。触摸屏查询系统让乘客通过采用系统提供的查询方式对出行路线进行选择，一般设置在公共场所，如轻轨车站和汽车站附近的站台，有时在线路比较多的中心区域位置也要设置，方便乘客的出行路线查询。

知识拓展

中国自主研制的无人驾驶汽车

中国自主研制的无人驾驶汽车——由国防科技大学自主研制的红旗 HQ3 无人驾驶汽车，2011 年 7 月 14 日首次完成了从长沙到武汉 286km 的高速全程无人驾驶实验，创造了中国自主研制的无人驾驶汽车在一般交通状况下自主驾驶的新纪录，标志着中国无人驾驶汽车在环境识别、智能行为决策和控制等方面实现了新的技术突破。

红旗 HQ3 全程由计算机系统控制车辆行驶速度和方向，系统设定的最高时速为 110km。在实验过程中，实测的全程自主驾驶平均时速为 87km。国防科技大学方面透露，该车在特殊情况下进行人工干预的距离仅为 2.24km，仅占自主驾驶总里程的 0.78%。

从 20 世纪 80 年代末开始，在贺汉根教授带领下，2001 年研制成功时速达 76km 的无人驾驶汽车，2003 年研制成功中国首台高速无人驾驶汽车，最高时速可达 170km；2006 年研制的新一代无人驾驶红旗 HQ3，则在可靠性和小型化方面取得突破。此次红旗 HQ3 无人驾驶汽车实验成功创造了中国自主研制的无人驾驶汽车在复杂交通状况下自主驾驶的新纪录，这标志着中国在该领域已经达到世界先进水平。

预计到 2030 年，驾驶人基本上可以在较复杂路况下只踩加速踏板和制动踏板或只控制转向盘了，因为半自动驾驶技术会在大多数车辆上得到应用，那时汽车会自动设置路线或自动进行加速和制动的配合。

实施与评价

请按照"任务工单 5　认知智能公共交通系统"要求完成本任务。

任务 6　认知交通地理信息系统

任务描述

本次任务要求了解交通地理信息系统的概念、功能、基于交通地理信息系统的城市交通网络及道路交通事故应急救援系统。逐步将交通地理信息系统技术在交通规划与管理中推广和应用，进行交通地理信息系统的理论和应用研究，具有重要的理论意义和现实价值。

学习目标

知识目标

1. 了解交通地理信息系统的概念与国内外发展状况。
2. 了解交通地理信息系统的功能。
3. 了解基于交通地理信息系统的城市交通网络及道路交通事故应急救援系统。

素养目标

提升学生分析问题的能力。

知识准备

一、交通地理信息系统的概念

交通地理信息系统（Geographic Information System – Transportation，GIS – T）是将地球表层信息按其特性的不同进行分层，每个图层存储特征相同或相似的事物对象集，如道路、桥梁、隧道等构成不同的图层，然后分层管理和存储。这样每个图层都有一个唯一的数据库表与其相对应，这个数据库表称为属性数据库，库中内容称为属性数据。因此 GIS – T 是一种空间数据库管理系统，它除了具备一般数据管理系统的数据输入、存储、查询和显示输出等基本功能外，更能够执行空间查询和空间分析功能，用户可以根据需要建立一个应用分析模型，通过动态分析为评价、管理和决策服务。系统功能表征子系统如图 2-14 所示。

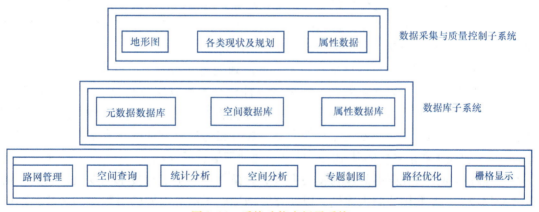

图 2-14 系统功能表征子系统

交通地理信息系统（GIS – T）是以地理的空间数据库为核心，以计算机技术的软件和硬件为辅，实现地理空间数据的全面采集，并且对相关的数据信息进行输入和管理、编辑与分析，然后进行模拟和现实，最后采用空间模型进行三维建模分析，能够对多种空间位置和信息进行呈现，也能够对多种动态的数据进行呈现，为地理研究提供坚实的数据支撑。

交通地理信息系统应用很广泛，在交通规划中主要应用于交通需求分析与预测、路网方案评估、项目选择及优化、交通工程设施规划、危险品运输路径规划、紧急情况下的疏散规划、公交线路规划、公共汽车站站址选择等；在道路设计中主要应用于道路走廊选择、路权取得、道路线形仿真等；在交通管理与服务中主要应用有日常养护管理、路面管理系统、桥梁管理系统、辅助决策系统、交通控制、交通事故分析、交通动态模拟、汽车运输调度、交通灾害防治、超限货车路径选择、车辆导航系统等；在港口主要应用于港口基础设施管理、船舶自动识别技术、装卸管理等；在航道中主要应用于航道疏浚、航标管理等。这些应用的技术手段是以交通地理信息系统为中心，集成全球定位系统、遥感、网络和多媒体等技术。

二、交通地理信息系统国内外发展状况

美国是较早利用计算机技术建立交通运输和规划数据库的国家之一，在交通信息化发展方面，美国运输部信息化目标严格按计划实施，分层管理，联邦公路总署、国家道路安全管理局、海运总署、研究和特殊计划署、运输部长办公室等部门都拥有各自专门的信息技术五年战略计划。加拿大政府信奉持续发展的运输远景——跨越大陆的国家铁路，国际的海上航运，横贯大陆的航空服务系统，管理运输基础设施的商业化管理机构。运输政策致力于可持续运输的三个要素（社会、经济与环境）的发展。澳大利亚运输与地区服务部在交通信息化方面最重要的举措是制定《联机行动计划》，将业务工作通过网络来实现。运输与地区服务部为澳大利亚提供更好的运输系统，以帮助政府实现其在运输与地区服务中的政策目标。

从20世纪80年代起，我国公路管理部门采用各种数据库系统建立了一些公路路况数据库，当时的交通部组织了一系列旨在提高公路规划和管理水平的应用系统开发研制，包括路面管理系统（CPMS）、桥梁管理系统（CBMS），这些系统具有查询简单快速的特点，但只有公路属性数据，并未建立各级道路的空间数据库，无法满足空间分析的需要，难以胜任对公路信息的全方位动态管理和进行公路规划、建设和养护的分析和决策支持。为从总体上改善我国公路信息的管理水平，缩短与发达国家之间的差距，当时的交通部决定建立我国自己的公路数据库系统，交通地理信息系统的研究在中国蓬勃发展起来。

国务院颁布的《国家中长期科学和技术发展规划纲要（2006—2020年）》中指出，交通运输业发展思路之一是"以提供顺畅、便捷的人性化交通运输服务为核心，加强统筹规划，发展交通系统信息化和智能化技术，安全高速的交通运输技术，提高运网能力和运输效率，实现交通信息共享和各种交通方式的有效衔接，提升交通运营管理的技术水平，发展综合交通运输"。而智能化和信息化的基础之一就是交通地理信息系统。

交通地理信息系统在国内的蓬勃发展有其必要条件：一是信息技术的发展。二是目前在软件开发领域。三是我国公路大建设，以及互联网和电子商务引发的对物流的关注，形成了对以交通地理信息系统为核心的3S（卫星定位系统GPS、地理信息系统GIS和遥感系统RS）技术研究和应用的强大的需求。在此条件下，交通地理信息系统在我国的发展呈现如下特点：

1）交通系统应用4G技术，体现出集成和综合的特点，交通部提出了"数字交通"的概念，加强以交通地理信息系统为核心的信息技术在交通领域的综合研发和应用。

2）以省、部级有关单位为示范，以地市级单位为推广，以大型的运输企业为综合应用，广泛推广实施交通地理信息系统技术的应用，提高了交通行业发展的技术含量。

3）不仅在基础设施管理单位开发相关系统，而且逐渐向物流和电子商务等交通服务领

域转移，建立以交通地理信息系统为平台的物流核心关键技术。

4）随着我国智能运输系统应用逐步开展，一些成功的智能运输系统把交通地理信息系统作为系统的信息平台，通过地理信息系统整合各种其他交通信息。目前交通地理信息系统在交通行业的很多领域都有比较好的应用和发展前景。

三、交通地理信息系统的功能

GIS – T 的基本功能是用于编辑、显示和测量图层，主要包括对空间和属性数据的输入、存储、编辑，以及制图和空间分析等。编辑功能允许用户添加和删除点、线、面或改变它们的属性，综合制图功能可以灵活多样地制作和显示地图，分层输出专题地图，如交通规划图、国道图等，显示地理要素、技术数据，并可放大缩小以显示不同的细节层次。测量功能用于测定地图上线段的长度或指定区域的面积。GIS – T 还具有如下功能。

1. 地图操作

GIS – T 能提供直观的图层显示与管理；可进行地图放大、缩小、漫游；可直接定义地图比例尺；可进行多种图层设置，能设置可见、可选择、可编辑、可捕捉及编辑锁定状态、移动顺序等，所见即所得。

2. 查询检索

（1）空间数据查询　GIS – T 的数据库通过联机分析处理进行数据挖掘，通过 GIS – T 特有的空间拓扑运算，如缓冲、各种邻接运算、最佳路径等，对路网数据进行挖掘，提取决策需要的各种数据。空间数据的查询的方式有：

1）通过公路数据的属性数据；

2）通过空间数据查询到公路数据库中的属性数据；

3）点线面互查，如公路经过了哪些地区、某公路上有哪些桥梁等；

4）空间扩充查询，如通过缓冲获得公路影响的人口、公路噪声影响的居民数量等。空间查询以电子地图的方式表现查询结果，另外，数据库的联机分析处理的查询结果也可以通过电子地图表现出来，如各地区的公路里程，可以在各地区的空间数据上，以颜色、空间变形等表现出来。

（2）多种方式的查询检索

1）查看属性信息。

2）基于属性条件的 SQL 查询。

3）属性和空间条件的双向查询（文查图、图查文）。

4）多对象组合的跨图层空间、属性条件联合查询。

5）图文互访，以多种方式（如属性数据、照片、录像等）显示公路概况、公路的养护状况、桥梁及附属设施状况、立交桥信息、交通量信息、路政业务信息以及公路设施评价决策和预测信息。

3. 最佳路径分析

最佳路径分析广泛运用于物流、客运线路选择、公路车辆调度、紧急情况车辆绕行路径等方面。路段的划分必须符合最佳路径分析的需要,必须在道路交叉处分段,路段不应该太短以防止最佳路径分析运算时间过长;在 GIS–T 信息系统平台上显示、打印最佳路径分析的结果;如果有必要,用户可以根据系统没有考虑到的具体情况,对最佳路径进行局部的手工调整;为了扩大项目的使用范围,可以定义不同的最佳含义,如时间、费用、距离等。最佳路径分析为公路管理部门在营运管理过程中,进行公路车辆调度、紧急情况车辆绕行路径的选择提供决策支持。

四、基于 GIS–T 的城市交通网络

城市交通网络规划是指城市道路和客、货运输网络的综合规划。交通网络系统由设施网络、径路网络、组织网络及需求网络 4 类构成,相互交织的网络形成了人类社会经济活动空间相互作用乃至城市体系结构的重要表征。其中,交通节点形成设施网络,交通线路构成径路网络,而节点与线路的结合形成交通组织网络。

城市交通网络是城市交通规划、建设、管理的基础。在进行交通规划等工作前,必须花费大量的时间进行交通网络的构建,因其具有复杂的拓扑结构体系,利用 GIS–T 提供的完善的网络拓扑结构和特定的数学模型对其进行分析,并以图形和表格的形式实时、直观地表现出来,可以更为高效地为决策者提供快速的辅助决策的依据。首先,交通网络信息随着时间变化需要及时更新,在进行交通规划时,要根据交通分析评价的结果,对路网方案做出若干次相应的调整修改,用传统的交通网络处理方法很难快速、准确地更新网络信息。其次,传统的城市网络分析方法是将交通系统内的各个单元单独进行研究。如果整个系统内单元之间的相互影响很小,这种数据方案的更新方法就是可行的,否则就会产生较大的偏差。运用 GIS–T 技术能够实时、动态、准确、直观地采集、修改与更新交通网络空间数据与属性数据。将局部更新的数量、方案及时反馈到整个区域网络上,能显示局部交通信息变化对整个区域网络的交通流量及其他数据的影响。可以说,GIS–T 技术的运用是系统分析思维最直观的体现。

(一) 城市交通网络的定义、描述与数据结构

交通空间数据是交通地理现象经过抽象整理之后的一种表达形式,是纷繁复杂的交通地理现象经过提炼浓缩之后的简单而有条理的表达。交通空间数据的种类繁多,包括属性数据、时态数据、影像数据等,数据量大,操作复杂。并且,交通空间数据具有精度要求高、规则复杂、动态化、离散化等特点。

1. 城市交通网络的定义

城市区域交通网络可以抽象为由结点、有向边和权构成的拓扑图,网中的结点就是街道交叉口、其边(弧)即该网络两交叉路口间的街道,其弧长是与该网络的边(弧)相关的数量指标,称为边(弧)的权,例如道路的长度、运行时间、运输费用等。

1) 结点在交通网络拓扑结构中,通常表示路段的连接处,是交通流产生、消失和交通流路径变换的地点。

2) 有向边在交通网络拓扑结构中,用于连接两个结点,具有方向性,通常是交通流行

进的主要载体。

3）权是与该网络有向边相关的指标，例如出行方式的旅行时间、旅行距离、运输费用，以及换乘距离和时间等。

2. 城市交通网络的描述

城市交通网络的描述包括空间特征和属性特征两个方面。空间特征主要指交通空间实体的空间坐标，用几何网络与拓扑网络表示：几何网络表征空间位置，拓扑网络表征空间关系。属性特征指的是一些量化指标，如交通量、出行时间等。空间特征数据和属性特征数据之间通过关键字建立逻辑联接。

3. 城市交通网络的数据结构

城市区域交通网络属性数据按其在交通分析中的作用可分为基础数据和分析数据。基础数据为交通分析做准备，从基础数据可得到区域交通网络结构和必要的属性描述。

（二）基于 GIS–T 的城市交通网络构建

城市区域交通网络的建立是数据库建立的基础。原始数据的处理和建立交通网络的拓扑关系是实现交通规划及其他工作的前提。

1. 数据输入及预处理

1）数据输入是将原始的外部交通数据转换为系统便于处理的内部格式的过程，即交通网络数字化的过程。交通网络的数据量比较大，目前广泛采用的数据输入方法是手工数字化方法。最基本的方法是，在扫描地图的基础上，生成若干没有属性信息的专题图层，如现状道路网、交通小区、公交线网图层等；然后便可利用 GIS–T 中的信息工具手工输入相关信息，形成完整的交通网络信息系统。

2）数据采集结束后最直观的结果就是电子地图，电子地图不但是交通网络的直观表达，更是空间对象属性信息的载体。通常初始采集的原始空间数据并不能满足系统数据质量的要求，必须进行加工处理，如数据清理、检查及建立拓扑关系和数据格式转换。这一环节的工作量很大，一般与数据采集的工作量相当，目的是为生成网络准备满足网络处理要求的、合理的数据，否则将可能进行不必要的网络编辑。

① 交叉口。在每一个交叉口将一条线分为两条线，并复制相应的属性数据。在打断线时，在打断位置加入特征点。手工打断通过鼠标在线上单击，用新产生的特征点将线一分为二。

② 结点。结点是线段的端点，在交通网络中，结点是建立结点–弧段拓扑关系、形心结点–交通区关系的基础。两条及两条以上的线或多边形边界的端点本来应是同一个点，但由于数字化的误差，这些点的坐标不完全一致，造成它们不能建立关联关系，必须将它们匹配为一个结点。手工匹配方法是：通过鼠标拖动，将各个点拖到一点。

③ 悬挂线。由于数字化、编辑、自动剪断线等会引起线图层中存在很短的线段，即悬挂线，这些线段不是所希望的或实际上并不存在，必须删除。

3）逻辑网络的生成。几何网络是生成拓扑网络的基础，几何网络与拓扑网络是一对多的关系，拓扑网络可以根据几何网络边要素的空间位置由应用软件自动生成拓扑网络的结点元素、连线元素及其相互之间的拓扑关系。拓扑网络一般用于对交通网络在某一时空状态的空间分析。

不同应用、分析目的的拓扑网络按一定条件选择几何网络的边要素和结点要素生成。

4) 复杂空间对象的处理。路网主要包括道路交通管制等概念。道路由路段和交叉口组成；路段由车道和道路隔离设施组成，交叉口分为信号控制路口和非信号控制路口。是否采取机非隔离、双向隔离等措施将会影响道路的通行能力；交叉口有无行人过街设施、有无信号控制同样也会影响道路的通行能力。交通管制是对路段和路口的通行控制，主要规定了路段和路口的禁行和通行规则。除此以外，还需要对以下复杂空间对象进行处理。

① 多车道。道路并不是简单的一维线段，是由多个车道组成的系统。由于道路级别不同，车道的数目相差较大，必须设置字段用来表示车道数目属性，从而不同的道路因车道数不同，通行能力也不同。

② 运行方向。为便于交通流的顺利运转，对道路中车流的方向进行了许多限制，诸如某路口禁止左转，某条道路只能单向行驶等。这些规定使得交通网络不仅仅是一个简单的连通网，而成为复杂的有向网。路口禁行将会引起关联路段或相邻路口交通流发生改变，在进行路径分析时，就不仅要考虑通过某一路径所需要的成本（如时间、距离），还要考虑路径的通行方向和路径之间的连通性。处理这种问题，要在属性表中的记录表达出来。将单行线通行方向线段记录的通行属性设置为 1，而对其逆行方向的线段记录的属性设置为 0，这样就不会出现沿单行线逆行的路径了。

③ 立交桥。利用 GIS – T 软件中提供的立交桥专用工具进行描绘，力求与真实的道路交通网保持一致。

2. 数据编辑与输出

数据编辑主要包括图形编辑和属性编辑。图形编辑主要包括：拓扑关系建立、图形修饰、图形变换、投影变换、误差校正等功能；属性编辑主要包括：属性字段的增删、记录的添加等功能。由于交通空间实体都处于发展的时间序列中，通常获取的数据只反映一定时间范围内的状态，随着时间的推进，数据也会改变，这时即需要进行数据更新，数据更新即以新的数据替换相对应的数据项或记录，数据更新能够满足动态分析的需要。GIS – T 能以合适的形式输出用户查询结果或数据分析结果，可以利用数据校正、编辑、图形整饰、误差消除、坐标变换等技术来提高输出质量。

3. 专题地图分析

专题地图分析是 GIS – T 中最具代表性的一种数据分析方法，它将传统的数据分析引入一个可视化空间中，规划人员可以直观地掌握全面情况。在进行区域规划时，无论在网络优化过程中，还是提出规划方案后，都能进行专题地图分析。在网络优化过程中，专题分析用来帮助提供各种可视化的交通专题地图：交通网络结构、交通流量信息、交通服务水平等，为规划和管理人员提供直观、全面的可视化交通网络信息，找出其不完善的地方，从而不断进行网络调整优化。在规划方案提出后，专题地图可以帮助决策部门在制订交通建设计划时进行决策，从而提高城市道路建设项目的合理性和科学性。专题地图可直接打印，也可保存为多种格式的图形文件。

4. 交通网络的构建

区域交通网络构建步骤通常如下：

1）参考图层的配准。首先用 Photoshop 软件将扫描后的光栅地图进行拼接、处理，其次在 MapInfo 软件中进行地图配准，经配准后的地图作为参考图层，并在其基础上进行交通小区图层、道路网络图层的绘制。

2）交通小区层的建立。以参考图为基准根据交通小区划分原则，绘制交通小区，并添加必要属性信息，如小区人口、土地利用以及交通发生吸引量等。

3）区域道路网络层的建立。以参考图层为基准绘制区域道路网络，并添加道路网及必要属性数据。道路网由一系列连续的路段组成，路段与路段相交的地方代表交叉口，道路层按道路等级不同分为：高速公路层、快速路层、主干道层、次干道层、支路层等多个线层。在 TransCAD 中，对各个线层分别进行拓扑检测后合并成一个线层。

4）交通小区层与基层线网层的关联完成图层绘制后，需建立小区与路网的连接，即将各小区的发生吸引点连接到路网上。

5）基层线网层与交通小区层的基本属性设置在创建图层时，需要给图层设置属性，也可在图层建成后再设置属性。

根据以上步骤，得出城市区域交通网络的构建流程，如图 2-15 所示。

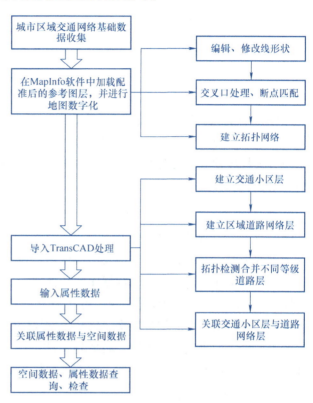

图 2-15　城市区域交通网络构建流程

五、基于 GIS-T 的道路交通事故应急救援系统

随着经济的高速发展，城市内汽车拥有量持续增长，使得我国城市道路交通事故呈逐年增长趋势，造成了巨大的经济损失和社会影响。城市内汽车保有量的增加导致交通拥堵时有发生，一旦发生事故，快速的道路交通事故应急救援机制对挽救伤员生命、减少经济损失、快速恢复交通具有重要的意义。同时有效的交通事故信息采集、整合、存储和管理等方面的工具对于道路交通事故预测、预防、分析具有重要的意义。由此许多专家学者对道路交通事故应急救援系统进行了研究，包括基于 GIS-T 的高速公路交通事故应急救援系统和基于 GIS-T 的城市道路交通事故应急救援系统，这两大系统主要利用先进的通信系统、软件技术，对高速公路及城市道路交通事故应急救援进行信息化建设和可视化展示，建立有效的应急救援反应机制和决策支持系统，有利于果断处置交通事故、降低异常事件对城市交通的影响，更有利于逐步使城市的交通安全管理向 ITS 智能化方向迈进。

(一) 基于 GIS-T 的高速公路交通事故应急救援系统

高速公路交通事故应急救援研究如何在事故发生后采取及时有效的紧急救援措施，减少事故所造成的人员伤亡与经济损失，预防第二次连锁事故的发生。高速公路交通事故应急救援体系涉及法律法规、组织机制、运作机制和支援保障等方面，研究的内容主要包括救援组织、机构体系、救援队伍及救援资源配置、通信保障及基础信息管理、异常交通信息采集、救援方案智能决策支持等。GIS-T 具有强大的数据管理、子地图、空间查询与分析以及地形分析等功能。这些功能应用于高速公路交通事故应急救援系统中将大大提高紧急救援的效率和可靠性。

1. 数据管理

GIS-T 具有强大的空间数据和属性数据管理功能，还具备坐标变换、投影变换、空间数据类型的转换、地图边缘匹配及算术运算、关系运算、逻辑运算和函数运算等特殊功能。其应用在事故救援领域，可对大量繁琐的数据进行快速处理。其输出结果可以是数据、数据库表格、报告、统计图、专题图等多种形式，实现所见即所得的目的。

2. 电子地图

GIS-T 的电子地图以可视化的数字地图为背景，以文本、照片、图表、声音、动画、视频等为表现手段，展现高速公路网及沿线区域的综合面貌；以多维地图的静态、动态显示以及动态环境下空间数据库和专题数据库的交流来全面支撑救援业务流程的可视化管理。其中最重要的是 GIS-T 的专题地图制作，可在地图上显示出地理要素并能赋予数值范围，同时可放大或缩小以表明不同的细节层次，GIS-T 不仅可以为用户输出全要素图，还可以根据事故救援的需要分层输出救援路线图、救援物资储备图、相关部门位置图、事故多发地点图等专题地图以显示不同要素和活动位置，或有关属性内容。

3. 空间查询与分析

GIS-T 可进行空间图形与属性的双向查询，即根据空间图形查询其有关属性，根据属性特征查询到空间图形，并可根据需要进行最佳路径分析。其面向用户的应用功能不仅能提供一些静态的查询、检索数据，还可以根据需要建立一个应用分析模式，通过动态的分析，为评价、管理和决策服务。这种分析功能可以在系统操作运算功能的支持下或通过建立专门的分析软件来实现，如统计分析、缓冲分析、叠加分析、网络分析、决策分析等。

4. 地形分析

地形分析主要是通过数字地形模型（DTM），以离散分布的平面点来模拟连续分布的地形，从中提取各种地形分析数据，使图形直观、逼真。通过对高速公路全线的地形分析，可以使救援部门根据不同的地形特征制订相应的救援措施。

5. 系统设计

系统在实施救援的过程中都要用到监控系统的资源，调用事件发生区域的交通环境参数（如交通流数据、视频信息和交通控制信息等）以跟踪事件区域势态，动态调整救援方案，发布交通控制指令。同时，路网条件下的救援需要在一个跨区域的组织机构网络中进行统一的协调和通信。基于 GIS–T 的高速公路交通事故应急救援系统的设计如图 2-16 所示。

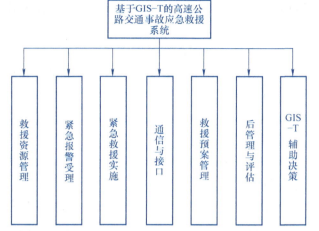

图 2-16　基于 GIS–T 的高速公路交通事故应急救援系统的设计

(二) 基于 GIS–T 的城市道路交通事故应急救援系统

1. 系统结构设计

城市道路交通事故应急救援系统主要涉及三个部分：

1）其开发和运行的平台，即 GIS–T 系统软件和地图部分。

2）交通事故本身所涉及的内容，主要指与交通事故相关的数据。

3）调度应急车辆，实现用时最短、速度最快响应交通事故。

系统结构设计如图 2-17 所示。

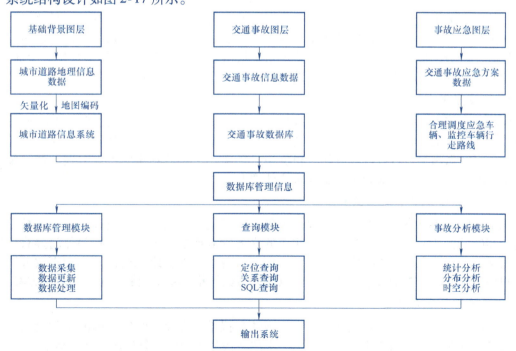

图 2-17　系统结构设计图

2. 系统功能模块设计

系统功能主要包括四个模块，分别是系统用户管理模块、地图操作模块、信息管理及分析模块、事故应急模块。

（1）**系统用户管理模块**　系统管理用户可以管理普通用户、修改事故应急预案、修改地图信息、管理事故数据等；普通用户能操作系统、上传数据给系统用户，但不能修改系统中的资料库，以保证数据库完整、有效。

（2）**地图操作模块**　地图操作模块包括地图放大、缩小、测量、漫游、标注、定位、地图图层管理、地图更新、地图匹配等功能。

（3）**信息管理及分析模块**　信息管理模块包括事故信息管理及分析、交通网络特征数据管理、事故应急预案信息管理等功能。

（4）**事故应急模块**　事故应急模块是本系统的重点，此模块主要包括事故警告、应急预案、最短路径选择、事故信息发布、事故发生地点交通管制决策、事故救援信息归档等功能。

（三）应急救援系统业务流程分析

救援系统构建在高速公路监控系统的基础之上，在交通事故发生时，救援指挥中心与监控中心、分中心联动工作。其业务流程为首先对事件信息采集，其次生成救援方案，然后救援实施，最后管理及评价，应急救援系统业务流程分析如图 2-18 所示。

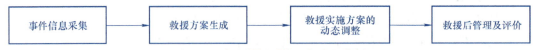

图 2-18　应急救援系统业务流程分析

1. 事件信息采集

事件信息采集有以下几种方式：事故当事人或目击者可利用公路上设置的紧急电话或移动电话报警；交警或管理部门的巡逻车发现事故后利用无线集群电话系统报警；公路发生突发事件后，会引起交通流的异常变化，监控系统根据此变化可自动判断可能发生的交通事故；监控中心管理人员可利用监控电视系统发现摄像机覆盖区域内的突发事件。

2. 救援方案生成

监控中心接到报警后，立即记录事故信息（包括时间、地点、事故类型、事故描述等），同时启动监视系统、GIS–T 系统、GPS 系统等进行事故定位，对事故信息做出初步的综合分析和判断，并派出交警赶赴现场确认。根据事件的类型、事发地点和严重程度，在预编制方案子系统的基础上自动生成救援需求和事故处理方案。

3. 救援实施方案的动态调整

调整后的救援方案可为有关部门提供至事发地点的最佳路线，并通过通信子系统下达救援指令实施救援，同时发送事故信息和相应的交通管制或引导信息。各有关部门接获事件通报后根据分工立即在应急指挥中心的统一协调下，各司其职，组织救援并进行事故处理，将事故现场情况及时反馈给应急指挥中心，以便应急救援指挥系统能够及时修正救援方案。

4. 救援后管理及评价

在事件处理完毕后，应急救援指挥中心下达救援结束命令，恢复路网的正常交通并发布相关信息。同时，应急指挥中心记录详细的事故救援处理报告并分析评价处理结果。

> 知识拓展

重庆轨道交通网络规划案例

重庆轨道交通（Chongqing Rail Transit，CRT），是指服务于中国重庆主城都市区境内的城市轨道交通系统。其第一条线路于2004年11月6日开通观光运行，于2005年6月18日开通试运营，使重庆成为中国内地第九座、西部地区第一座开通轨道交通的城市。截至2020年12月31日，重庆轨道交通运营里程为343.29km，位于中国内地第8名。

截至2021年2月，重庆已开通1、2、3、4、5、6、10号线、环线、国博线，共9条轨道交通线路，线网覆盖重庆主城都市区多个区，共设车站193座（换乘站不重复计算）；运营里程为370km。其中，1、4、5、6、10号线、环线、国博线为地铁系统，共270余km；2、3号线为单轨系统（跨座式单轨），共98.45km。

截至2021年3月，重庆轨道交通在建线路包括4号线二期及西延伸段、5号线中段、江跳段及北延伸段、9号线一期、10号线二期、15号线一期、18号线一期及北延伸段、24号线一期、市域快线璧铜线等，在建里程300余km；预计到2022年，城市轨道交通运营和在建规模达到850km以上；总体规划共18条线路。

2020年，重庆轨道交通日均客运量229.4万人次、年客运量8.4亿人次。截至2021年4月，日最高客运量为2021年4月30日的416.9万人次。重庆轨道交通"十七线一环"远景线网规划图如图2-19所示。

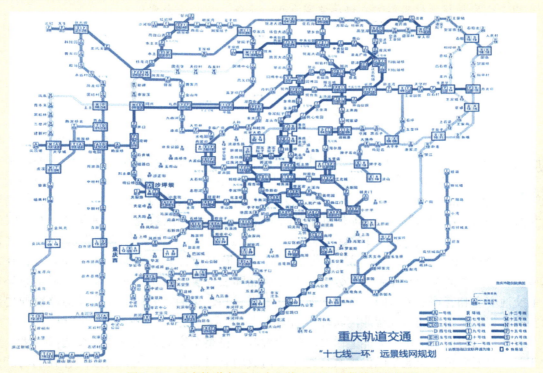

图2-19 重庆轨道交通"十七线一环"远景线网规划图

 **实施与评价**

请按照"任务工单6　认知交通地理信息系统"要求完成本任务。

任务7　认知智能车路协同系统

 **任务描述**

本次任务要求了解智能车路协同系统的概念、主要特征、国内外发展现状、结构、关键技术。

 **学习目标**

知识目标
1. 了解智能车路协同系统的概念、主要特征以及国内外发展现状。
2. 理解智能车路协同系统的结构。
3. 掌握智能车路协同系统的关键技术。

素养目标
以变化发展视角的思维方式培养爱国意识、责任意识、安全意识。

 **知识准备**

一、智能车路协同系统的概念

车路协同

智能车路协同系统（Intelligent Vehicle Infrastructure Cooperation System，IVICS）采用先进的无线通信和新一代互联网等技术，全方位实施车-车、车-路动态实时信息交互，并在全时空动态交通信息采集与融合的基础上，开展车辆协同安全控制和道路协同管理，充分实现人、车、路的有效协同，保证交通安全，提高通行效率，形成安全、高效和环保的道路交通系统。该系统借助现存的所有无线通信模式，将包括交通参与者（人）、运载工具（车）及交通基础设施（路）在内的所有交通主体连接起来，提供全时空实时交通信息的采集、融合和共享；在此基础上，借助智能决策与控制、大数据、人工智能和云计算等技术，实现全景交通信息环境下的交通安全和管理上的协同，包括交通环境协同感知、车辆行驶协同安全及道路交通协同管控等。智能车路协同系统智能网联环境如图2-20所示。

智能车路协同系统作为智能交通发展的新阶段，将整个交通系统看作是交通参与者、交通工具、交通对象、交通基础设施及交通环境构成的有机整体，各交通要素间存在的功能交互构成了整个交通系统的功能域，其信息获取的广度、交互协同的深度及应用开发的丰富度均获得极大扩展。这种层次化和循序渐进的发展过程，使智能车路协同系统在很大程度上仍

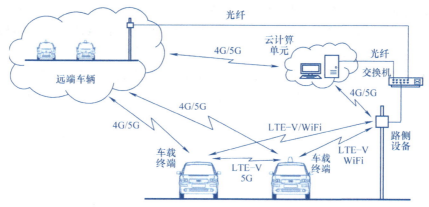

图 2-20　智能车路协同系统智能网联环境

保留了传统智能交通系统的基本内容,但在内涵和外延上得到极大的丰富和拓展。智能车路协同的出现与应用,从根本上改变了人们对传统交通系统的认识与实践,其大规模应用和推广已成为现代道路交通系统发展的必由之路。

二、智能车路协同系统的主要特征

智能车路协同系统应用后,主要具有以下特征。

1. 交通主体的信息化和智能化

人、车、路和环境通过传感器的采集和融合,成为具有自主身份且具备信息交互功能的智能个体,在交通系统实时数据的基础上,实现实时信息再现并提供实际运行状态。

2. 海量信息的简明化和精确化

系统通过多种通信模式实现各类信息双向传输,可获得时间和空间上的高分辨度数据,构成实现智能车路协同系统各种功能的基础信息,信息更加简明和精确,并具有智能和自适应性。

3. 用户参与的主动化和协同化

通过协作方式能将整个交通系统看作是交通参与者、交通工具、交通基础设施及交通环境构成的有机整体,实现不同程度的协同服务,并提供主动参与系统优化控制的途径。

4. 服务功能的柔性化和绿色化

以系统海量信息的采集、交互及应用为主线,能全面实现各交通主体间的协同服务,提供针对不同交通出行需求的系统级和自定义的解决方案,实现智能化管理服务和最优化运行。

三、智能车路协同系统国内外发展现状

健全的道路运输系统是社会经济文化发展的必要,在公路里程、城市机动车保有量不断增长的同时,道路交通通行效率低下、安全水平下降、数据共享、污染能耗等问题日渐突出,如何高效地应对此类问题成为各国政府的关注点之一,车路协同在此孕育而生,并受到国家、政府、社会的高度关注,各国家和地区先后推出了与车路协同相关的研究计划。车路协同在通行效率、交通安全和节能环保中发挥重要作用,总的来说,其功能可被概括为驾驶安全、

交通效率、信息服务和管理综合四大类。与车路协同有关的技术研究是关注的重点,如高精度定位与导航技术、激光测距技术、数据融合技术、机器学习、边缘计算、控制技术和无线充电技术等。通过技术的集成,实现车路协同单个功能的研究较多,车路协同的场景测试工作在各示范区火热推进。当前,全球在自动驾驶技术与自动驾驶基础设施的发展阶段定义上,有较统一的标准可依,而车路协同的发展阶段却没有权威机构定义。因此,一个清晰明确的车路协同发展阶段划分以及其可能的发展路径描述,对车路协同相关研究工作有积极推进作用。

车路协同与道路设施、自动驾驶技术的发展有密切联系。车路协同的历史演变,从车与路之间是否主动进行信息交互角度出发,可大致分为四个阶段:无协同、初级协同、中级协同和高级协同等4个阶段,如图2-21所示。

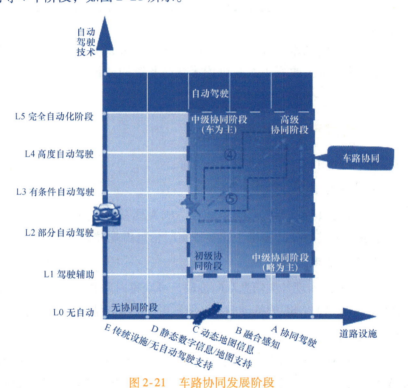

图2-21 车路协同发展阶段

车路协同各发展阶段对比见表2-1(自动驾驶技术等级来自美国汽车工程师学会SAE,道路分级标准来自欧盟的自动驾驶基础设施分级)。

表2-1 车路协同各发展阶段对比

发展阶段	车载设备	路侧设施	交通信息采集	车路信息交互	驾驶指令与操作	技术说明
无协同阶段	无	无	人	无	人	车辆在道路上行驶过程中,设施设备仅服务驾驶人,如电子地图
初级协同阶段	部分	部分	人/车/路	部分	人/车/路	车辆与路侧的可交互设备,可实现单个车路协同功能,如ETC电子不停车收费、前向碰撞预警

（续）

发展阶段		车载设备	路侧设施	交通信息采集	车路信息交互	驾驶指令与操作	技术说明
中级协同阶段	车为主	完全	部分	人/车/路	部分	人/车/路	车辆自身感知、决策系统发达，道路主要为车辆提供环境的信息
	路为主	部分	完全	人/车/路	部分	人/车/路	车辆接收信号且对信号的反应能力突出，道路负责交通信息收集、数据处理、控制指令、控制操作等
高级协同阶段		完全	完全	车/路	完全	车/路	

1）无协同阶段。该阶段车与路之间完全没有主动信息交互，完全凭借驾驶人主动获取路侧的信息，实施相对应的驾驶行为，达到安全驾驶、减少通行时间、降低能耗的目的。交通信号灯、交通标志标线是该阶段的主要路侧设施设备，这些设施设备的使用，极大地降低了事故的发生。从交通信号灯、交通标志标线对交通系统起到的积极作用，在一定程度上，明确了发展车路协同系统的需要以及推行车路协同系统的必要。

2）初级协同阶段。该阶段车与路之间存在主动信息交互过程，通过在车端与路侧安装特定功能的设备，可实现单个车路协同功能，如 ETC 自动收费、公交优先信号控制等。车载设备、智能信号控制器、毫米波雷达、激光雷达、视频摄像头、通信设备、高精度地图、云平台等在此阶段发挥着重要作用。初级协同阶段实现的车路协同功能在提高道路通行效率、避免道路拥堵、节能环保方面都有立竿见影的效果，但驾驶人仍然是不可或缺的。虽然在初级协同阶段，能够解决当前面临的一些问题，但对更高级的车路协同系统的追求仍然是努力的方向。

3）中级协同阶段。该阶段车与路之间主动进行信息交互，在车辆、路侧安装各种需要的设备，功能涉及驾驶安全、交通效率、信息服务、管理综合中部分功能。此阶段有以车为主和以路为主两个典型状态，主要区别是车载设备与路侧设施的完备程度，以及交通信息采集的主体。以车为主的中级协同阶段，车载设备获取交通信息的能力远大于道路，道路的主要功能依然停留在物理支持程度，信息化、智能化、自动化有待增强。以路为主的中级协同阶段，交通信息收集、数据处理、控制指令、控制操作大多由道路来完成，处理后的交通信息通过路侧设备发送指令至车辆，车辆通过接收指令，来完成相应操作。在特殊情况下，需要驾驶人的干预。

4）高级协同阶段。该阶段车与路之间主动进行完全的信息交互，在车辆、路侧通过安装各种需要的设备，达到车路协同系统的最终目的。更加先进的车载设备、智能信号控制器、毫米波雷达、激光雷达、视频摄像头、通信设备、高精度地图、云平台、边缘计算等都将在此阶段应用以充分服务于车路协同系统。在此阶段，车与路的"默契"程度达到最高，车辆不再必须依靠驾驶人的感知与行动来获取信息和采取相应措施，能够更及时地感知交通流状态并且预知潜在危险，能够高度自动化地行驶，并基于感知信息优化本车的运行状态从而提高运行效率，保障运行安全。

四、智能车路协同系统的结构

智能车路协同系统由以信息为核心的，提供不同层次功能的 5 层平台和 1 个支撑体系组成。智能车路协同系统 5 层平台结构示意图如图 2-22 所示。

智能车路协同系统的信息采集融合平台负责完成所有交通数据的采集与信息融合；信息

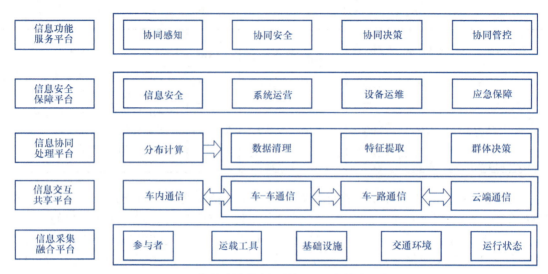

图 2-22　智能车路协同系统 5 层平台结构示意图

交互共享平台负责完成所有交通要素间交通数据的实时交互和共享；信息协同处理平台负责实现系统级的各类交通信息的协同处理；信息安全保障平台负责完成系统感知层、网络层和应用层的信息安全管理；信息功能服务平台负责支持系统所有功能的开发和实现。系统标准与管理支撑体系则保证不同交通系统间的互通互联、信息交互、功能协同和服务集成。

智能车路协同系统成为道路交通系统的通用平台后，国家智能交通系统体系框架的用户服务、逻辑结构、物理结构及标准与协议须重新定义和设计，其中用户服务的调整是首要任务。智能车路协同的应用，使得道路交通系统进入高度信息化和智能化的发展阶段，也使系统的构建发生了一些根本性的变化。这些变化主要体现在信息的动态获取和实时交互已成为交通系统的基础性工作，安全和效率已越来越成为交通领域中不可忽略的主题，应急救援处理逐渐成为众多研究人员争相探索的热点，经济活动相关的客运及货运在交通运输中占据了相当大的比例，智能车路协同系统将作为道路交通系统的公共平台。为了实现智能交通"安全""效率""环保"的主旨，可将国家 ITS 体系框架中用户服务领域的交通规划纳入交通管理，将电子收费纳入运营管理，将车辆安全与辅助驾驶和自动公路合并后扩展为车辆安全与控制，将出行者信息扩展为信息服务，将紧急事件扩展为应急救援，并重点强调行人与非机动车安全。于是，国家 ITS 原有的 8 个服务领域，将基于车路协同重组为智能车路协同平台、车辆安全与控制、行人与非机动车安全、信息服务、交通管理、运营管理以及应急管理 7 个服务领域。调整前后的国家 ITS 体系框架对比见表 2-2。

表 2-2　调整前后的国家 ITS 体系框架对比

国家 ITS 体系框架	基于车路协同的 ITS 体系框架
交通管理与规划	智能车路协同平台
电子收费	车辆安全与控制
出行者信息	行人与非机动车安全
车辆安全与辅助驾驶	信息服务
紧急事件与安全	交通管理
营运管理	营运管理
综合运输	应急管理
自动公路	—

五、智能车路协同系统的关键技术

智能车路协同系统的关键技术主要包括：多模通信技术、智能网联技术、信息安全技术及系统集成技术等。采用这些关键技术将完成智能车路协同系统的基本构建，是实现车路协同相关应用的基础。

1. 多模通信技术

考虑车辆的高移动性和道路交通所处的广域环境，采用单一的无线通信模式无法满足实际应用需求，需要采用多模无线通信技术，以保障交通主体能够实现任何时间、任何地点及任何交通主体基于现存通信模式的互联互通。车路协同数据通信分层标准架构如图 2-23 所示。

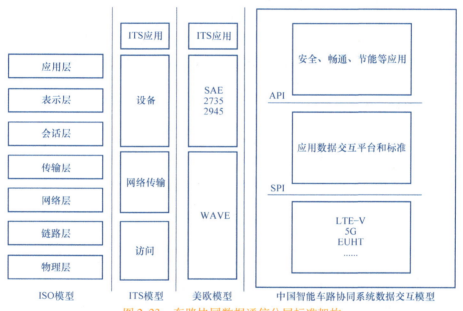

图 2-23 车路协同数据通信分层标准架构

考虑目前实际应用中常用的无线通信模式，形成了可同时支持 DSRC（802.11p）、LTE-V、EUHT、WiFi（802.11n）和 3G/4G/5G 等通信模式的数据通信分层标准。常用的通信模式主要可分为移动通信模式、无线通信模式、专用通信模式和其他通信模式。根据目前的应用情况，这些通信模式对应的通信系统及使用范围见表 2-3。

表 2-3 无线通信模式对应的通信系统及使用范围

通信类型	通信系统	通信模式	可使用范围
移动	移动网络系统	3G/4G/5G/……	车/车/路间通信
无线	无线网络系统	WiFi（AdHoc/……）	车/车/路间通信
专用	专用网络系统	RFID/DSRC/……	车/车/路间通信
其他	其他通信系统	蓝牙/红外/……	出行者/路间通信

2. 智能网联技术

高速、可靠、双向及可集成多种通信模式的智能网联技术是智能车路协同系统的基础，同时，需能支持全景状态感知、信息交互与融合、协同控制与管理，以及定制化服务等功能，并根据不同层次的需求提供相应的通信保障与交通服务。智能车路协同系统的终端网络是传感器网络（Sensor Network，SN），以无线组网为主，支持各类交通状态的感知；支持交通系统底层信息互通互联的是车联网（Internet of Vehicles，IoV）和物联网（Internet of Things，IoT）等功能性通信网络，它们属有线无线混合组网，但多为无线组网；互联网（Internet 或 Intranet）实现海量交通数据的传输和信息融合，它属有线无线混合组网，但以有线组网为主；支持系统功能和服务集成的是高速互联网，例如，下一代互联网（Internet II 或 IPv6），以有线组网为主。

由于不同网联方式提供的通信特性和支持的服务范围各不相同，为满足各类交通环境下的功能需求，需要建立通信和网联模式的自动选择和切换机制，支持应用终端根据不同应用功能对通信和网联模式进行自主选择与切换，如图 2-24a 所示，以智能网联车辆为例，考虑其主要服务于交通环境中车辆行驶状态的共享，故其默认的通信模式采用 4G/WiFi 以支持车-路（Vehicle to Infrastructure，V2I）网联；当服务应用需要车-车（Vehicle to Vehicle，V2V）网联时，通信模式即可自动切换到 LET-V/5G。同理，图 2-24b 为自动驾驶车辆的通信和网联模式自动切换机制。市场上多数产品可以支持 2 种或 2 种以上的通信和网联模式，国际范围内能够同时支持绝大多数现存通信和网联模式的设备为数不多。

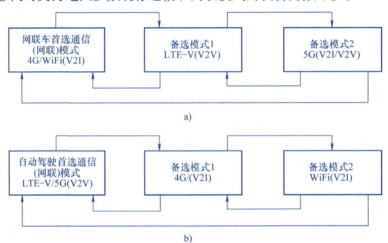

图 2-24　面向智能网联和自动驾驶车辆的通信和网联模式自动切换机制
a）智能网联车辆自动切换机制　b）自动驾驶车辆自动切换机制

3. 信息安全技术

智能车路协同系统的信息安全包含计算机信息安全技术、移动通信信息安全技术及交通数据可信安全技术 3 个层次。3 层安全技术相互关系及其主要作用如图 2-25 所示。

图 2-25　基于车路协同的交通系统信息安全技术框架及其支撑环境

计算机信息安全技术主要解决由人、车和基础设施等交通参与者在网联环境下形成的泛在计算机网络系统的信息安全保证问题；移动通信信息安全技术主要解决通过各类无线通信管道传输的信息安全保证问题；交通数据可信（基于交通业务信息的可信交互）安全技术主要依托交通系统实时数据的业务特性，例如，位置信息的实时性、车辆行驶轨迹的连续性和驾驶行为的局限性等，实现对交通参与者提供的业务数据的可信甄别。建立基于车路协同的车辆信任管理架构的主要机制有集中式信任管理机制与分布式信任管理机制。

4. 系统集成技术

全面发挥智能车路协同系统作用的关键是能够实现智能车、智能路和智能网的集成，进而实现智能协同的交通服务。这里的系统集成涉及通信模式的集成、网联方式的集成、信息融合的集成、云端计算的集成，以及可信交互的集成等，从而支持包括人、车、路在内的所有交通主体在智能网联环境下的系统集成。在智能车上增加车载终端（On - Board Unit，OBU）支持网联功能就形成了智能网联车，在道路上增加路侧设备（Road - Side Unit，RSU）支持网联并提供智能处理能力就形成了智能路。近10年来，在智能网联技术的发展和应用过程中，先后出现了"车联网""网联车""C - V2X""智能网联交通系统"等概念。这些概念均是智能网联技术在交通系统应用中的扩展和延伸。

 知识拓展

智能车路协同技术应用

车路协同技术是国内外现代智能交通发展的方向，智能车路协同系统的规模化应用涉及面广，建设周期长，需要分阶段、分层次进行，各应用阶段的主要任务见表2-4。

表2-4 智能车路协同系统各应用阶段主要任务

应用阶段	建设重点	信息共享程度	实现的协同功能	典型应用功能
初始期	道路设施智能化	道路交通系统管控信息的实时共享	以信息提示和辅助驾驶为主的协同管控	信息发布、危险预警、单车速度引导
建设期	智能汽车网联化	交通管控和车辆行驶信息的实时共享	以主动调控和个性化服务为主的协同管控	协同安全行驶、信号主动控制
规模化	智能网联交通系统	全时空交通信息的实时共享	以协同决策与控制为主的协同管控	安全协同驾驶、信号 - 车辆协同控制

1. 初始期应用阶段

在智能车路协同系统建设的现阶段，国家选定了首先推进道路基础设施建设的发展路线。在道路基础设施信息化的基础上逐步实现智能化，以基础设施的智能化配合智能汽车的网联化；同时，借助构建先进的无线通信和云端计算平台为智能网联的普及奠定必要的基础条件，并由此提供道路交通系统管控信息的实时共享，实现智能车路协同系统功能的初级应用。现阶段可实现的智能车路协同功能主要集中在以信息提示和辅助驾驶为主的协同管控服务上,包括:交通信息共享、诱导信息发布、在途危险状态预警、盲区预警,以及单车速度引导等。国内目前实施中的车路协同项目主要集中在这些方面,借助智能车路协同系统提高信息共享的范围和传递的实时性,但车路协同的核心功能体现有限,社会经济效益不明显。

2. 建设期应用阶段

道路基础设施智能化达到一定程度后,即支持车路协同的 RSU 得到一定程度的普及后,将有效推进智能汽车的网联化,此时,支持车路协同的 OBU 将作为智能汽车的必需装备实现前装,智能网联效率和云端计算能力得到提升,交通管控和车辆行驶信息的实时共享成为现实,可实现智能车路协同系统功能的中级应用。该阶段可实现的智能车路协同功能主要集中在以主动调控和个性化服务为主的协同管控服务上,包括车辆协同安全、公交/特种车辆优先、快速路可变限速、信号主动控制,以及恶劣天气条件下高速公路安全通行等。此时,车路协同的核心功能开始得到实现,对社会经济效益的贡献逐步呈现。

3. 规模化应用阶段

在道路基础设施和智能汽车网联化得到全面发展后,智能车路协同系统开始进入规模化应用阶段,此时,交通系统实现了可信交互的全智能网联,提供全时空交通信息的实时共享;多种计算模式并存可以支撑广泛的交通群体协同决策与控制的计算,系统性智能得到前所未有的开发,可实现智能车路协同系统功能的高级应用。该阶段可实现的智能车路协同功能主要集中在以群体协同决策与控制为主的协同管控服务上,包括:车辆群体协同安全驾驶、路口/匝道信号–车辆协同控制、自动驾驶车队协同,以及网联/自动/无人混驾等。此时,车路协同的核心功能得到全面实现,交通安全和效率得到显著提升,社会经济效益显著。

 实施与评价

请按照"任务工单 7 认知智能车路协同系统"要求完成本任务。

任务 8 认知智能交通管理系统

 任务描述

本次任务要求学生对智能交通管理系统的概念和应用有基本的认识,锻炼学生获取和利用信息的能力。

 学习目标

知识目标
1. 理解智能交通管理系统的概念。
2. 了解智能交通管理系统的应用。
3. 了解智能交通监控系统的组成。

4. 了解智能交通信号控制系统的分类。

素养目标

培养学生创新意识和创新能力，提升学生发现问题、解决问题的能力。

 知识准备

一、智能交通管理系统的概念

智能交通管理系统（Intelligent Traffic Management System，ITMS），是智能交通系统的重要组成部分。智能交通管理系统是依据城市道路交通信息采集、处理、发布、决策的过程，运用各种先进的技术和科学方法，为实现交通管理的自动化、现代化和智能化目标而构建的系统。

从宏观上讲，交通管理包含了交通控制的内容，交通控制是交通管理的某一表现方式。因此，交通管理与交通控制是一个有机体。

交通管理是根据有关交通法规和政策措施，采用交通工程科学与技术，对交通系统中的人、车、路和环境进行管理，特别是对交通流合理地引导、限制和组织，以保障交通安全、有序、畅通、舒适、高效。交通控制是运用各种控制软硬设备，如人工、交通信号、电子计算机、可变标志等手段来合理地指挥和控制交通。

二、智能交通管理系统的应用

1. 智能交通监控系统

智能交通监控系统是目前智能交通管理领域应用最为广泛的系统，是车辆行驶的动态保障系统，与其他静态（安全、管理）设施共同构成了保障道路交通高效、安全的基础，适用于高速公路、重要桥梁隧道、城市道路交通管理等场合。

（1）智能交通监控系统的组成　智能交通监控系统由信息采集子系统、信息发布子系统和监控中心三大部分组成。

1）信息采集子系统。信息采集子系统的功能，就是对原始信息的实时收集和预处理，使其转化成符合系统要求的信息文件。现代道路上设置的用于采集交通及相关信息的设备和装置有摄像机、地感电磁线圈、红外线检测装置等。

信息采集技术是实施道路交通管理与控制的基础技术，主要采集内容有道路上的交通流量、速度、占有率等交通参数；天气、交通管制信息等交通环境信息；交通拥堵、交通事故等交通事件信息等。常见的自动交通信息采集技术有电磁线圈、地磁、超声波、微波雷达、红外线等信息采集技术，视频图像信息采集技术，基于卫星定位的浮动车信息采集技术，无人机信息采集技术，众包信息采集技术等。

生活中常见的超速抓拍系统中的雷达测速仪（图2-26）就是基于微波雷达信息采集技术制作的设备。基于电磁线圈信息采集技术制作的环形线圈车辆检测器（图2-27）是出现较早、技术成熟、价格便宜、使用范围广的一种车辆检测器，常用于交叉口闯红灯抓拍系统、

收费车道、停车场出入口等。

2）信息发布子系统。信息发布子系统是安装于道路沿线提供交通信息发送、诱导、控制、指挥等指令的设备，是将控制中心的指令传输到道路沿线的载体，主要由有线、无线信息传输网络构成，如交通电台、交通诱导牌、可变交通标志等。

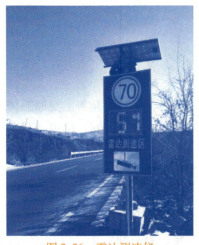

图 2-26　雷达测速仪

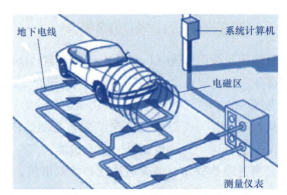

图 2-27　环形线圈车辆检测器

交通信息发布也称为交通信息提供，主要是为交通使用者（驾驶人、乘客、行人等）提供交通诱导信息，如某路段发生拥堵；为交通管理者（交警、监控员等）提供道路交通运行情况信息，如发生交通事故、交通拥堵等异常事件；为道路交通控制设备提供交通控制或调度指令，如可变限速标志和信号灯等。常见的交通信息发布方式有可变信息显示标志、广播、移动终端 APP、网页、微信公众号、短信等。

3）监控中心。监控中心是信息采集子系统、信息发布子系统的中心环节，是实施交通信息处理、交通控制和管理的核心，主要由大型多功能计算机、大型显示设备、控制台组成。

（2）智能交通监控系统应用案例　智能交通监控系统的典型应用有电子警察系统，随着技术的不断进步，电子警察的功能也越来越丰富，如闯红灯抓拍、超速抓拍、区间测速、违章换道抓拍、违停抓拍等。

2. 停车诱导系统

停车诱导系统（Parking Guidance Information System，PGIS）包括大型停车场车位引导系统与城市停车诱导系统，它是以多级信息发布为载体，实时地提供停车场（库）的位置、车位数、空满状态等信息从而指引驾驶人停车的系统，它对于调节停车需求在时间和空间分布上的不均匀、提高停车设施使用率、减少由于寻找停车场而产生的道路交通、减少为了停车造成的等待时间、提高整个交通系统的效率、改善停车场的经营条件以及增加商业区域的经济活力等方面具有重要的作用。停车诱导屏如图 2-28 所示。

图 2-28　停车诱导屏

3. 智能公交管理系统

智能公交管理系统是将现代通信、信息、电子、控制、计算机、网络、GPS、GIS-T 等技术集成应用于公共交通系统，在公交网络分配、公交调度等关键基础理论研究的前提下，通过建立公共交通智能化调度系统、地理信息系统、公共交通信息服务系统、公交电子收费系统等，为管理者、运营者以及个体出行者提供更为便捷的服务，使他们相互能够更为协调，能够做出更为明智的决策。通过智能公交系统的建设与实施，能实现缓解公交客流压力、平衡公交车辆负荷、降低公交运营成本、提高出行效率的目的，从而建立便捷、高效、舒适、环保、安全的公共交通运营体系，实现公共交通调度、运营、管理的信息化、现代化和智能化，提高公交出行比例，缓解城市交通拥挤，有效解决城市交通问题。电子站牌系统如图 2-29 所示。快速公交系统如图 2-30 所示。

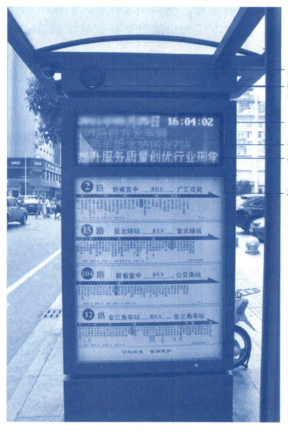

图 2-29　电子站牌系统

4. 突发事件应急管理系统

突发事件应急管理系统是一个以人为主导，以科学的管理理论为指导，在科学的管理制度的基础上，利用计算机硬件、软件、网络通信设备对道路网络的运行状况进行全天候监视控制，对突发事件进行快速检测和判断，并迅速采取恰当的事件响应措施，以避免交通事故（或二次事故）的发生、保证事故发生后的及时救护与事故排除为目的，支持司乘人员、通行车辆、基层作业的集成化人机系统。

5. 智能交通信号控制系统

交通信号控制是在无法实现道路交通流空间分离的地方（主要为平面交叉路口）运用各种控制软硬件设备（如人工、交通信号灯、电子计算机等手段）在时间上给相互冲突的交通流分配通行权的一种交通管理措施。合理的交通信号控制可以达到减少交通拥堵、保证城市道路畅通和避免交通事故发生的目的。

图 2-30　快速公交系统

交通信号控制的发展是一个不断实践的过程，在实践过程中人们提出并开发了许多不同类型的交通信号控制方式和控制系统，并从不同的角度对交通信号控制系统进行分类，下面分别进行介绍。

(1) 按控制方法分类　交通信号控制根据控制所采用的方法不同可以分为定时控制、感应控制以及自适应控制。

1) 定时控制。定时控制是指交通信号控制机按事先设定的配时方案运行，方案将一天分为几个时段，根据一天中不同时段的历史平均交通流数据通过离线计算得到相应于不同时段的周期时长、绿信比等信号控制参数。一天只用一个配时方案的称为单段式定时控制；一天按不同时段的交通量采用几个配时方案的称为多段式定时控制。

2) 感应控制。感应控制是指在交叉路口进口道设置车辆检测器，交通信号控制机能够根据检测器检测到交叉路口实时车流状况，此方式采用适当的信号显示时间以适应交通需求。此方式信号灯的配时方案由计算机或智能化信号控制机计算而得，并可随检测器检测到的车流信息而随时改变配时方案。根据检测器设置位置的不同，可以将其分为半感应控制和全感应控制两种。

3) 自适应控制。自适应控制是指把交通系统看作为一个不确定系统，系统能够连续测量其状态（如车流量、停车次数、延误时间、排队长度等），跟踪并预测交通状态的变化趋势，针对一定的控制目标改变系统的可调参数或产生一个控制方案，使得控制效果达到最优或次最优的一种控制方式。根据控制方式的不同，可以将其分为方案选择式和方案生成式。

(2) 按控制范围分类　交通控制根据控制所涉及的空间范围可以划分为单点控制、干线协调控制以及区域协调控制。

1) 单点控制。单点控制简称点控，是指每个交叉路口的交通信号控制只按照该交叉路口的交通情况独立运行，不与其相邻的交叉路口有任何信息交换，是交叉路口交通信号控制的最基本形式。

2) 干线协调控制。干线协调控制简称线控，也称绿波控制，是指将干线上若干连续交叉路口的交通信号通过一定的方式联结起来，协调各交叉路口交通信号灯的绿灯启亮时间和信号配时方案，使车辆通过这些交叉路口时不致经常遇上红灯。绿波带效果示意图如图 2-31 所示。

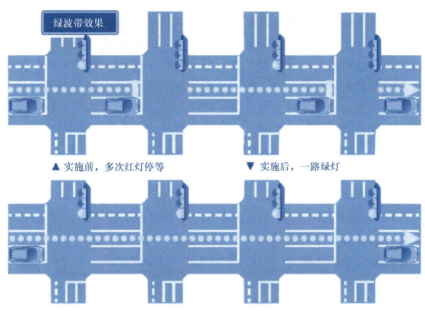

图 2-31 绿波带效果示意图

3）区域协调控制。区域协调控制简称面控，是指将一个区域内的多个信号交叉路口视为整体进行相互协调，控制区内各交通信号都受交通控制中心控制的集中式管理控制方式。对范围较小的区域，可以整区集中控制；对范围较大的区域，可以分区分级控制。

为适应交通量猛增的趋势，缓解道路交通拥挤情况，国内外许多城市都投入了大量人力、物力对交通信号控制系统进行研究与开发，并取得了一系列成果。国外的面控系统有 SCATS（澳大利亚）、SCOOT（英国）、RHODES（美国）、SPOT/UTOPIA（意大利）等。国内的面控系统有南京莱斯城市交通控制系统（NUTCS）、青岛海信 HiCon 交通信号控制系统、深圳 SMOOTH 交通信号控制系统等。

 知识拓展

城市交通大脑

城市交通大脑是深圳交警与华为公司联合创新的产物，该项目从顶层设计入手，全面规划深圳城市交通体系，并以视频云、大数据、人工智能为技术核心，建立了一个统一、开放、智能的交通管控系统。

众所周知，交通是一个城市的动脉，是一个城市综合治理能力的集中展现，也是一个城市文明的体现。深圳城市面积不足 $2000km^2$，全市道路里程只有 6500 多 km，平均每千米的车辆密度为 530 辆，居全国第一，人、车、路的矛盾更加凸显。在这样的背景下，深圳交警部门大胆探索、大胆创新，一直以来都保持了在同行业中的领先位置。

近期，深圳交警与华为在原有基础上进一步深化合作，通过联合创新共建"城市交通大脑"，这也是全国交警系统首例与华为合作组建的"智慧交通"创新机构，其主要致力于探索更为高效的交通管理技术体系架构。城市交通大脑从顶层设计入手，全面规划深圳城市交通体系，并以视频云、大数据、人工智能为技术核心，建立一个统一、开放、智能的交通管控系统。同时，通过构建统一的数据采集、分析及处理平台，实现信息资源高度共享、融合和综合利用，汇集成大数据资源池，实现交通数据的全覆盖、全关联、全开放和全分析，从而给市民提供更加优质和高效的交通服务。

深圳交警与华为公司联合打造的城市交通大脑将致力于5个方面的工作。

1）超带宽交通网络。深圳交警与华为合作，已实现基于高快速度光纤传送的OTN网等技术，支撑满足400G带宽的传输能力、超过20PB的数据存储能力、百亿级的数据处理能力，数据承载能力是传统网络的40倍。

2）全城交通流量全面感知。深圳交警建立了道路动态监控体系，通过车牌识别、油站车牌识别等系统，通过视频方式检测交通流量，检测准确率达到了95%。每月采集过车数据约7亿条，同时整合内、外部78个系统数据库近40TB的数据，有力支持交通大数据的拥堵分析和优化方案。

3）人工智能辅助执法。执法是交警部门的主要工作，原来深圳交警采用的是人工工作方式，违法行为的确认需要人工审核以确保符合相应的法律法规。深圳交警在这项工作中引入人工智能技术后，大数据研判平台实现了对卡口数据运算的秒级响应，基于对车辆外观特征识别的二次识别技术，日处理图片能力达到1000万张，对于违章图片的识别达到95%以上。人工智能技术的投入使用，提升10倍的违章图片识别效率，确保了违章图片的闭环处理。

4）提升大数据打击效率。以前传统方式下开展一个专项活动需要7天的时间进行数据资源准备、软件开发和数据分析，才能找到合理的数据。现在，深圳交警依托大数据平台及交通分析建模引擎，创建"失驾"、"毒驾"、多次违法等大数据分析模型，30分钟就能形成情报精准推送，开展数据打击专项行动精准查处，定向清除。最近一段时间已经精准查处各类重点违法37055起，查扣假牌车、套牌车874辆，工作效率是以往的10倍。现在套牌、假牌、报废、多次违法车辆在深圳道路已基本绝迹。

5）提升市民出行体验。如何才能通过创新技术提升市民的出行体验？深圳交警基于交通时空引擎，融合卡口、浮动车等数据，已建立全市所有信号交叉口的实时监控系统，制订了精准的交通信号管控模式。通过管控大数据，可科学设置路口渠化及交通组织创新，道路通行能力力争提高8%左右。

展望未来，深圳交警还将基于5G技术在终端方面发力，打造智能化的警用终端；通过交通仿真对历史数据进行分析，以预测城市各处的交通流量；投入近30亿元资金升级所有的卡口系统，包括高清电子眼系统，使高清电子眼覆盖率达到70%以上，以便在整个深圳构建起完整的交通采集网等。依托于最强的城市交通大脑以及相关的配套措施，深圳就可以建设一个健壮的交通网，再借助开放的大数据平台，为整个深圳交警在深度应用、执法为民等方面提供强有力的支撑。

近年来，全国各地城市大脑、交通大脑等相关项目层出不穷，我们的民族企业和政府部门，都在大力发展新技术，同心协力建设交通强国。

实施与评价

请按照"任务工单 8　认知智能交通管理系统"要求完成本任务。

任务 9　认知高速公路智能管理系统

 任务描述

本次任务要求学生了解高速公路智能管理系统的概念、组成，重点学习 ETC 的特点、组成、分类与工作原理。高速公路智能管理系统的发展情况。

 学习目标

知识目标
1. 了解高速公路智能管理系统的概念与组成。
2. 了解 ETC 的特点、组成、分类与工作原理。

素养目标
1. 通过为高速公路设计电子不停车收费（Electronic Toll Collection，ETC）系统，锻炼学生运用现代信息技术获取信息的能力。
2. 培养学生的自我管理和自主学习意识。
3. 增强学生团队合作意识。
4. 提升发现问题、解决问题的能力。

 知识准备

一、高速公路智能管理系统的概念

高速公路需要一整套交通工程设施来实现运营管理，以充分发挥其"高速、高效、安全、舒适"的特点，提高运营管理效率，使高速公路真正成为国民经济、物资流通中不可缺少的大运量、高效率大通道。高速公路智能管理系统正是为了适应高速公路运行特点和运营管理要求而建立的，它可以提高高速公路安全性和运行效率，是保证高速公路运输正常运行和充分发挥道路通行能力的必要管理工具。

二、高速公路智能管理系统的组成

高速公路智能管理系统从信息上主要指高速公路信息管理系统；从设备上主要是指高速公路机电系统。

高速公路信息管理系统由多个子系统组成，一般包括收费系统、监控系统、公众信息服务系统、事故信息分析系统、道路养护管理系统、灾害应急管理系统、高速公路设计资料工程数据库、高速公路网规划决策支持系统和高速公路战略决策支持系统等。

随着通信技术、传感器技术、大数据技术、物联网技术和云计算技术等现代技术的发展，高速公路机电系统也越来越信息化和智能化。高速公路机电系统包括多个子系统，它由监控、通信、收费、照明、供配电和隧道安全运行保障等子系统组成。其中监控系统、通信系统和收费系统是最主要的三个子系统，所以也常将高速公路机电系统称为"三大系统"。

高速公路机电系统是发挥道路设施交通功能的主要辅助系统，是对高速公路进行智能管理的主要工具，其子系统内部和各子系统之间由通信网联系，其组成示意图如图2-32所示。

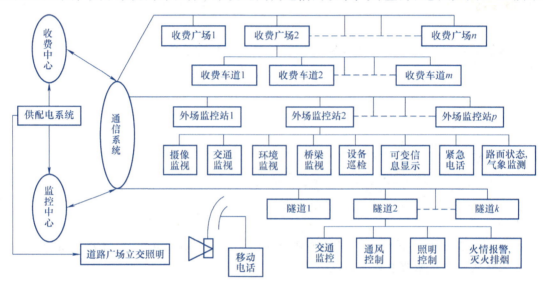

图2-32 高速公路机电系统组成示意图

高速公路监控系统

高速公路通信系统

1. 高速公路监控系统

高速公路监控系统对交通运行情况和交通环境进行监控，具有监视监测和控制两大功能，是为了保障高速公路安全和通畅而设置的复杂机电系统，主要由交通信息采集子系统、监控中心和信息发布子系统三大部分组成。

2. 高速公路通信系统

高速公路通信系统是高速公路现代化管理的支撑系统，主要由主干线传输、业务电话、指令电话、紧急电话、数据传输、图像传输、广播、通信电源和通信管道等部分组成。

3. 高速公路收费系统

通行费是高速公路最主要的经济收入，是完成营运管理、道路设备维护、还贷交税、建设新路的财源。高速公路收费系统的主要任务是按章收费。从广义上讲，收费系统包括收费政策、经济理论、管理机制和收费技术四个部分。目前，高速公路收费系统有封闭式、开放式、均一式和混合式四种收费制式，有人工收费、半自动收费、全自动收费三种收费方式，付款方式也随技术发展不断多样化。下面主要介绍目前主流的全自动收费系统——电子不停车收费（ETC）系统的特点、组成、分类及工作原理。

（1）ETC 系统的特点　ETC 系统是以现代通信技术、电子技术、自动控制技术、计算机和网络技术等高新技术为主导，实现车辆不停车自动收费的智能交通子系统。该系统通过路侧天线与车载电子标签之间的专用短程通信，在不需要驾驶人停车和其他收费人员采取任何操作的情况下，自动完成收费处理全过程。

高速公路
收费系统

（2）ETC 系统的组成　ETC 系统主要由 ETC 收费车道、收费站管理系统、ETC 管理中心、专业银行及传输网络组成。根据分工的不同，系统又可分为前台和后台两大部分。前台以车道控制系统为核心，完成对过往车辆车型的判别，收费信息的采集与处理，并实时传送给收费站管理子系统。后台由收费站管理系统、ETC 管理中心和专业银行组成。ETC 管理中心是 ETC 系统的最高管理层，既要进行收费信息与数据的处理和交换，又行使必要的管理职能，它包括各公路的收费专营公司、结算中心和客户服务中心。后台根据收到的数据文件在公路收费专营公司和用户之间进行交易和财务结算。ETC 系统组成如图 2-33 所示。

电子不停车
收费系统

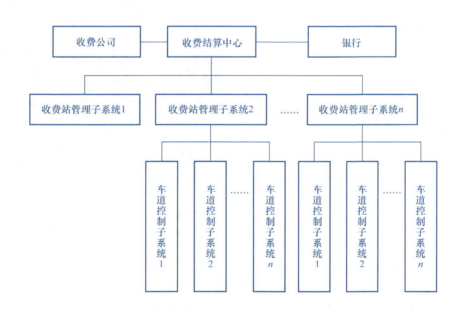

图 2-33　电子不停车收费（ETC）系统组成

（3）ETC 系统的分类　根据车辆通过收费车道的速度和收费车道结构，ETC 系统主要分为收费站电子收费系统（图 2-34）和自由流电子收费系统（图 2-35）。收费站电子收费系统是在原有半自动收费车道基础上改造而成，与半自动收费车道并列在收费广场。自由流电子收费系统是在收费广场设置一个横跨车道上空的龙门架，架上安装电子收费设备，在车辆高速通行过程中完成电子收费，不设置收费岛和自动栏杆。

图 2-34　收费站电子收费系统

图 2-35　自由流电子收费系统

（4）ETC 的工作原理　ETC 的基本运行过程是：用户前往收费管理部门，申请安装车载单元，预缴通行费或设立事后付费账户，相应信息被存入车载单元中，然后该车辆便可以上路行驶。进入收费站时，车辆以规定限速通过电子收费车道。识别子系统识别出该车辆所属的类型，报告控制单元。通信子系统通过天线与车载单元进行通信，完成收费操作。

目前，我国多为收费站电子收费系统，其车道设备如图 2-36 所示。

从图 2-36 可以看出，电子不停车收费车道入口端上方有电子收费车道的标志（车道运行状态显示屏）、顶棚信号灯和雾灯，引导车辆选择正确车道。由于车辆密度不大，ETC 天线并不连续工作，无车辆通过时，天线处于休眠状态。在收费车道

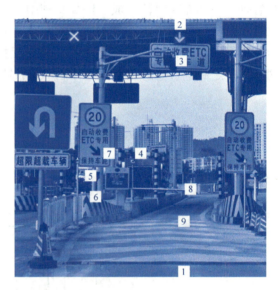

图 2-36　收费站电子收费系统车道设备
1—环形线圈车辆检测器　2—顶棚信号灯　3—收费天线
4—车道摄像机　5—通行信号灯　6—费额与车型显示器
7—声光警报器　8—自动栏杆　9—计数线圈

上天线辐射区前，埋设有一个环形线圈车辆检测器。当车辆进入线圈检测区，线圈发出电信号提示有车，唤醒天线进入工作状态。此时，自动栏杆关闭，通行信号灯为红色。

车辆进入通信区，在载波作用下，车载电子标签被唤醒，响应天线的询问，将客户身份与车型代码上传给车道天线，由天线转送给车道控制机进行审核。

在入口收费车道时，如果为有效卡，车道控制机指令栏杆打开，交通信号灯变绿；在出口车道时，需要进一步交换信息，天线读取电子标签中的车型、车牌号、入口收费站等信息，传至车道控制机计算通行费，扣取通行费，天线写入余额，收费成功，费额与车型显示器显示车型与收费信息，车道控制机指令栏杆打开，通行信号灯变绿。如果为无效卡，或收费失败，车道控制机会立即发现，指令自动栏杆继续关闭，并发出声光警报，现场工作人员将引导车辆从旁路进入半自动收费车道，办理各项收费手续，车道控制机将情况记录存档。

车辆通行,自动栏杆下的计数线圈感应到车辆通过信息并发送给车道控制机,车道控制机指令自动栏杆落杆。

如果发生车辆冲卡,计数线圈在自动栏杆关闭的情况下检测到车辆通过,声光警报器启动,车道摄像机会保存下整个冲卡过程视频,车牌抓拍相机启动,自动识别车牌信息,上传至车道控制机,协助追缴通行费。

4. 高速公路照明、供配电和隧道安全运行保障等子系统

1)高速公路照明系统包括主车道照明、广场照明、隧道照明和桥梁照明等。高速公路不同地点的照明需求和目的不同,照明系统的设置也各有差异。

2)供配电系统是高速公路机电系统必不可少的辅助系统,其作用是保证24h无间断供应电源,既能正常供电,又能紧急供电。

3)在长隧道行车存在汽车尾气聚集、空气污染严重、能见度低、洞内亮度低、发生火灾排烟困难、交通空间约束等特点。为此,长隧道需建立安全运行保障系统,从多方面改善交通环境,保证车辆运行。隧道安全运行保障系统,也称为隧道监控系统,主要包含监控、通风、照明和消防等子系统。

 知识拓展

智慧高速

高速公路被誉为一个国家走向现代化的桥梁,是发展现代交通业的必经之路,而中国在这条路上,则迈出了非同寻常的一个个令人赞叹的脚印。1988年10月31日,沪嘉高速公路建成通车,为中国内地首条投入使用的高速公路。此后,世界第一高的高速公路桥、世界最长的沙漠高速公路、世界最长跨海大桥均在中国建成通车。2012年,全国高速公路通车里程达9.6万km,跃居世界第一。目前,全国高速公路通车总里程超过16万km,稳居世界第一。这其中的发展历程留下了几代人艰苦奋斗的足迹,凝结了无数公路建设者们的辛勤汗水。

随着高速公路通车里程的急剧增长,路网结构的不断完善,广大民众对高速公路的服务要求不断提高,高速公路运营管理也越来越受到重视。新的技术不断地被应用到高速公路运营管理工作中,从开始的机电系统,到智能交通管理系统,再到现在的智慧高速,高速公路的运营越来越信息化和智慧化。

2020年,"新基建"成为国家战略,而智慧高速公路,将会是新基建的一个重要场景,七大新基建方向中的大数据中心、新能源汽车充电桩、5G基站建设、人工智能等四个方向,都将会在智慧高速上体现。杭绍甬高速公路,是中国首条"智慧高速"公路,将突出智慧化建设导向,旨在打造一条涵盖"客货运输网""传感通信控制网"和"绿色能源网"三网合一的智慧高速公路基础设施和智慧云控平台在内的新型高速公路,预计通行能力提升20%~30%。杭绍甬智慧高速将于2022年通车,其车辆通行速度更快,且支持自动驾驶,有自动驾驶专用车道,支持自由流电子收费。在供电方面,近期目标是通过太阳能发电、路

面光伏发电、插电式充电桩电量补充，为电动车提供充电服务；远期目标是实现移动式的无线充电，一边开车一边充电。更智能、更快速、更绿色、更安全的智慧高速，值得我们期待。

随着新基建的推行，将为中国未来的发展打下智能化的基础，智慧高速已经到来，智慧中国将会在我们这一代人实现，这是时代赋予我们的机会，我们要做的就是努力学习，认真工作，迎接未来。

 实施与评价

请按照"任务工单 9　认知高速公路智能管理系统"要求完成本任务。

项目3

认知典型智能交通系统应用

 项目描述

　　智能交通系统是现代运输管理与建设的发展方向，是当前交通运输工程学科的热点与前沿。智能交通的发展与应用极大地改善了传统的交通组织与管理方式，为缓解交通拥堵、提高交通安全、减少交通污染提供了更多、更优的解决方案。近年来，在国家的大力倡导和智能交通领域从业人员的共同努力下，一大批智能交通系统在交通建设、组织、管理的实践中得到运用。

任务 10　认知重庆市公交智能调度系统

 任务描述

　　本任务主要学习重庆市公交智能调度系统的总体设计、功能，并掌握重庆市公交智能调度系统的基本操作。目的是使学生了解公交智能调度系统的基本知识，提升学生的实践技能。

 学习目标

知识目标
1. 了解重庆市公交智能调度系统的总体设计。
2. 了解重庆市公交智能调度系统的功能。
3. 掌握重庆市公交智能调度系统的基本操作。

素养目标
培养学生发现问题、解决问题的能力。

 知识准备

一、重庆市公交智能调度系统的总体设计

　　重庆市公交智能调度系统采用先进的地理信息技术，通过对公交车辆、客流和道路信息

的采集、传输和处理，对公交运营车辆进行实时监控和调度，调度人员可实时了解车辆运行状况，实现公交运营的高效化运行。公交智能调度系统的使用实现了公交运营的智能化和运营管理的现代化，大大提升了公交企业的现代化管理水平。

公交智能调度系统工作原理：系统接收车载终端传输过来的数据，对数据进行存储、解析，为前台提供可视化显示的数据支持。线路调度员可通过调度前台，看到线路上运行车辆的状况，通过软件提供的调度手段完成提高公交运效的调度。同时，可以从终端传输过来的信息中解析出考核司乘人员、统计运效的功能。终端定位信息传输系统将车载终端发送的信息传输到集团中央服务器，服务器将数据存储到基本信息库管理系统，同时将调度信息传输到可视化调度系统，供可视化调度系统应用，可视化调度系统将调度指令通过终端定位信息传输系统传输到车载终端，同时将调度指令传输到基本信息库管理系统进行存储，可视化调度系统在进行现场调度时要参照配车排班管理系统的信息，而配车排班管理系统的生成又取决于行车计划编制系统，配车排班管理系统、基本信息库管理系统、可视化调度系统又为营业统计与信息查询管理系统提供了参考的数据。公交智能调度系统拓扑图如图3-1所示。

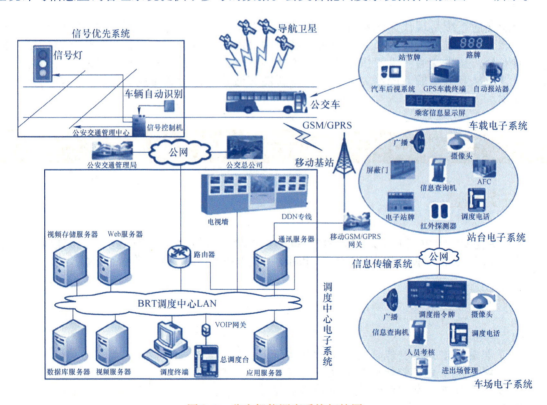

图3-1　公交智能调度系统拓扑图

二、重庆市公交智能调度系统的功能

1. 系统总体功能

公交智能调度系统将实现以下几个主要功能：

1）实现调度中心与营运车辆之间的双向信息传输。调度中心可以向营运车辆发布调度指令，如越站、加速、减速、等待等；营运车辆自动或人工向调度中心发送信息，如运行的位置、速度、满载率、路阻、故障、纠纷、事故、施救等。

2）在调度中心大屏幕实时跟踪显示营运状况。

3）在站点电子显示站牌显示车辆运行位置，并能显示下班车辆到达本站的时间。

4）可以对车辆实施动态调度管理。

2. 各组成部分功能

公交智能调度系统由监控调度中心、区域调度中心、车载单元、乘客信息系统、通信系统等系统组成。

（1）监控调度中心　监控调度中心的功能是接收车辆总站、区域调度中心传递的营运调度时刻表等信息，并经处理向车辆总站、区域调度中心发送并下达调整意见。

（2）区域调度中心　区域调度中心是营运生产的直接指挥者，具体营运计划的下达和实施均由区域调度中心完成。而营运车辆的动态信息则由监控调度中心向区域调度中心和车辆总站提供。

（3）车载单元　车载单元的主要功能是定位和通信，能自动和手动向监控中心发送包括定位数据、运行速度、方向、承载情况、事故报告等车辆运行状态信息，同时也能接收区域调度中心下达的包括营运时刻表、最新路面交通情况、车辆保修计划、气象信息、最新转乘信息等指令和其他信息。

（4）乘客信息系统　乘客信息系统包括车站服务器和电子站牌。车站服务器是沟通乘客与监控调度中心的服务平台，起导游与提供公共交通运行状况的作用。电子站牌主要功能是为乘客提供经过此站的线路下一班车的到站时间和其他一些简单信息。

（5）通信系统　监控调度中心与区域调度中心、车辆总站及信息服务系统之间采用有线通信，区域调度中心和车辆总站与运营车辆间的通信采用无线移动通信方式。

实施与评价

重庆市公交智能调度系统的基本操作如下：

首先在 ERP 系统登录。重庆公共交通信息管理云服务平台登录界面如图 3-2 所示。

1. 智能调度系统基础数据设置

公交智能调度系统要对站台申请单、站台、站址、线路区间申请单、线路区间、营运线路、营运线路变更等参数进行设置，这些参数在线网管理栏下，如图 3-3 所示。

（1）站台申请单设置　站台申请单设置如图 3-4 所示。

（2）站台设置　站台设置如图 3-5 所示。

（3）站址设置　站址设置如图 3-6 所示。

（4）线路区间申请单设置　线路区间申请单设置如图 3-7 所示。

（5）线路区间设置　线路区间设置如图 3-8 所示。

图 3-2 重庆公共交通信息管理云服务平台登录界面

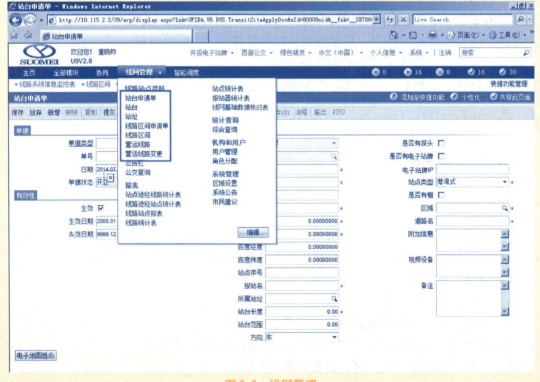

图 3-3 线网管理

图 3-4　站台申请单设置

图 3-5　站台设置

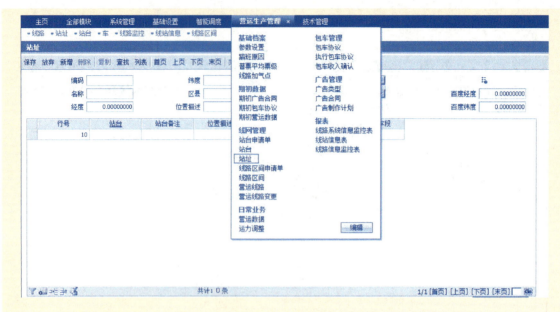

图 3-6　站址设置

图 3-7　线路区间申请单设置

(6) 营运线路设置　营运线路设置如图 3-9 所示。
(7) 营运线路变更设置　营运线路变更设置如图 3-10 所示。
(8) 调度线路设置　调度线路设置如图 3-11 所示。

图 3-8 线路区间设置

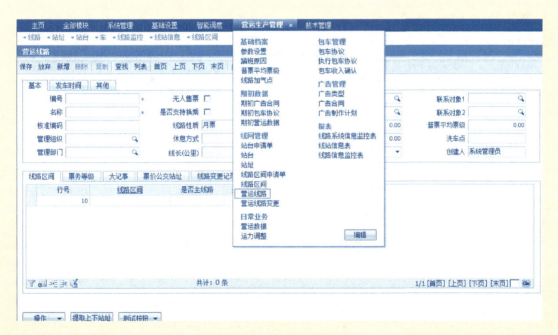

图 3-9 营运线路设置

图 3-10 营运线路变更设置

图 3-11 调度线路设置

（9）调度台设置　调度台设置如图 3-12 所示。

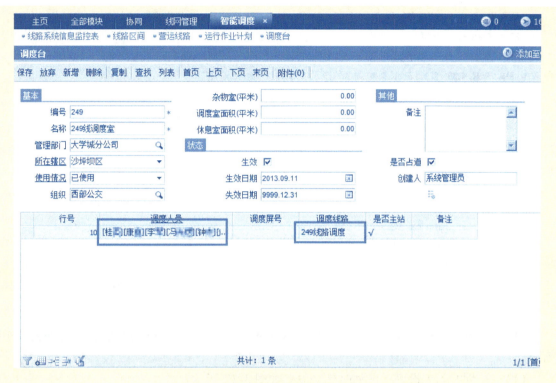

图 3-12　调度台设置

（10）车辆档案设置　车辆档案设置如图 3-13 所示。

图 3-13　车辆档案设置

（11）GPS 设备设置　GPS 设备设置如图 3-14 所示。

图 3-14　GPS 设备设置

（12）人员基本信息设置　人员信息选择如图 3-15 所示，人员基本信息设置如图 3-16 所示。

（13）计划时刻表设置　计划时刻表设置如图 3-17 所示。

（14）人车安排表设置　人车安排表设置如图 3-18 所示。

（15）运行作业计划设置　运行作业计划设置如图 3-19 所示。

图 3-15　人员信息选择

图 3-16　人员基本信息设置

图 3-17　计划时刻表设置

图 3-18 人车安排表设置

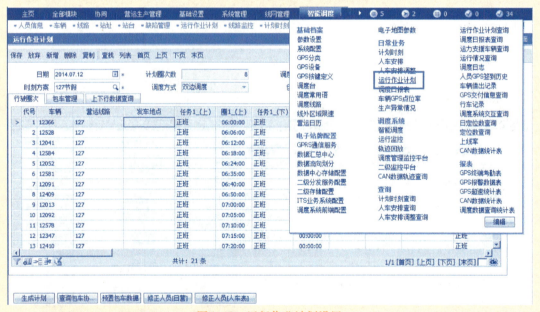

图 3-19 运行作业计划设置

2. 智能调度系统操作流程

1）第一步：登录智能调度系统。

智能调度系统的登录：找到"智能调度系统"登录界面，左键双击"，如图 3-20 所示。

账号栏：输入员工编号。

组织栏：单击三角形下拉框选择当前组织（如西部公交）。

密码：输入密码，单击登录。

2）第二步：选择线路。

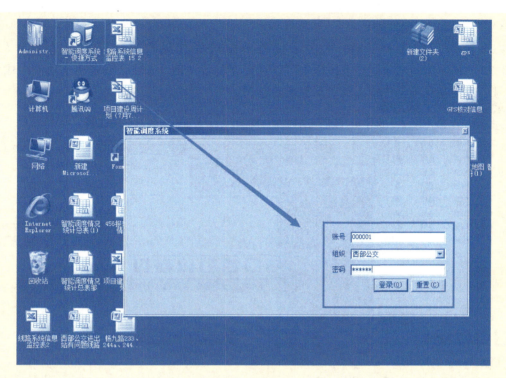

图 3-20　系统登录

登录智能调度系统后,勾选当前调度监控线路,如图 3-21 所示。

图 3-21　选择路线

3）第三步：绑定驾驶员。

在车辆列表栏选中车辆，右击下拉菜单中选择【更改驾驶员】→【选择人员】（图3-22）在弹出的选项框的下拉框中可以选择驾驶员（图3-23），或者在选项框中输入员工编号，或者在选项框中输入驾驶员姓名首字母。

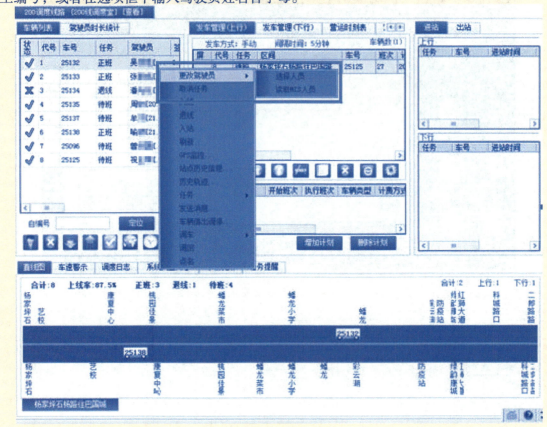

图 3-22 更改驾驶员选择

4）第四步：入线、批量入线。

入线：在车辆列表处，选择相应车辆右击，在菜单栏中选择【入线】，该车辆的状态即由退线状态变为待班状态。

批量入线：选中全部车辆右击【入线】，车辆即可批量由退线状态变为待班状态。

5）第五步：入站。

选中车辆右击，在下拉列表中选择【入站】，单击【确定】按钮，车辆将进入【发车管理（上行）】，入终点站选择上下行时选择【下行】确定后，车辆将进入【发车管理（下行）】（图3-24）。

6）第六步：调度排班（给发车时间）。

第一种操作：此处可直接在【发车管理（上行）】中【发车时间】处输入发车时间，该信息将自动传到车辆GPS设备上，同时右击【调度排班】，让该车辆前面的屏亮起。

第二种操作：当发车间隔比较有规律时，可设置调度排班功能，可以设置发车间隔，当车辆入站后，将自动给GPS设备发送发车时间，调度排班如图3-25所示。

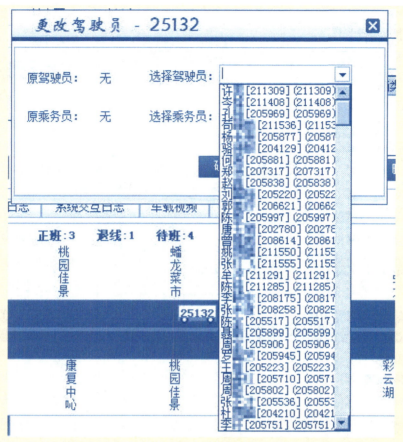

图 3-23　更改驾驶员

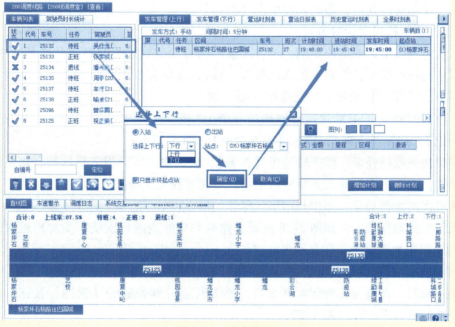

图 3-24　发车管理

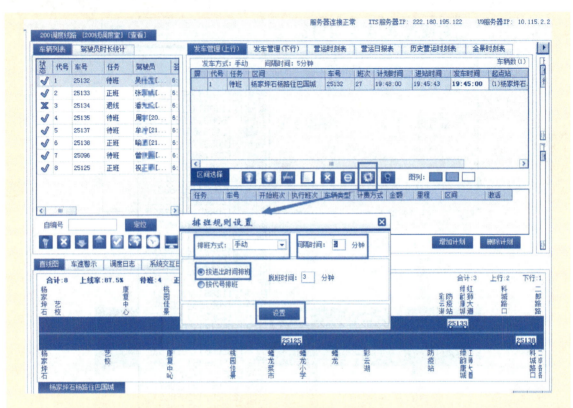

图 3-25　调度排班

7）第七步：出站。

当到了发车时间到后，需要调度单击【出站】按钮。

8）第八步：核对营运时刻表。

在营运时刻表中，双击该车辆，将进入该车辆的营运数据明细界面（或者选中该车辆，单击右下角的详细信息，与双击该车辆效果一样），在该界面中可进行新增、删除数据，修改完毕后单击【保存】按钮，结束操作（图 3-26）。

正班数据的补录（正常营运数据都是一条上行记录、一条下行记录）：单击右下角的【新增】按钮，选择【方向】，输入【发车时间】（图 3-27）。

保养班次的数据补录：任务栏选择【保养】，班次输入实际保养班次数，踏班原因处选择保养类别，空驶里程处输入实际空驶里程，空驶里程类别必须选择。

公务班次的数据补录：操作与踏班、保养一样。

加班班次的数据补录：如图 3-28 所示，保养回来的走的班次统一为加班班次，在【加班】栏勾选相应加班班次，即表示为加班。

9）第九步：保存营运时刻表。

晚上下班时，在核对完营运时刻表后，单击营运时刻表处的【保存】按钮，待提示保存数据成功后进入下一步（图 3-29）。

图 3-26 核对营运时刻表

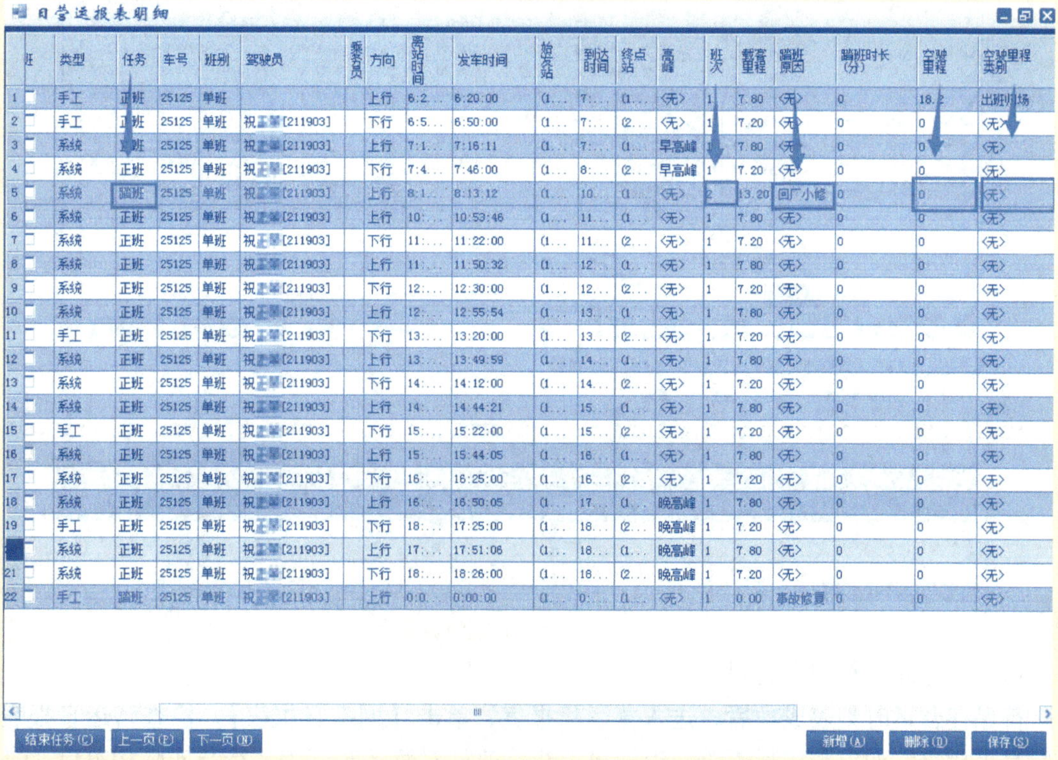

图 3-27 正班数据补录

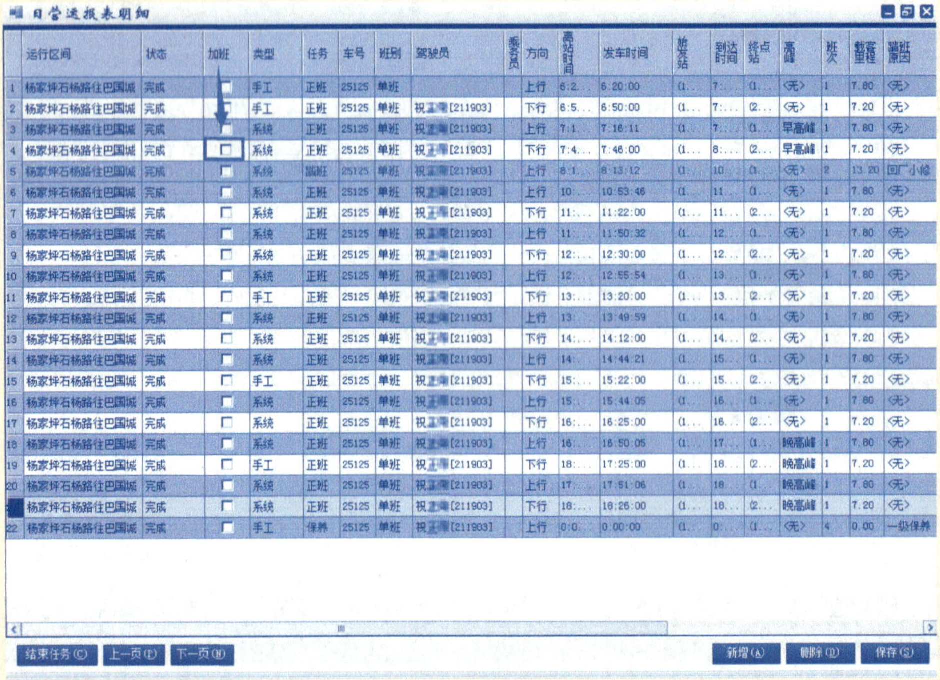

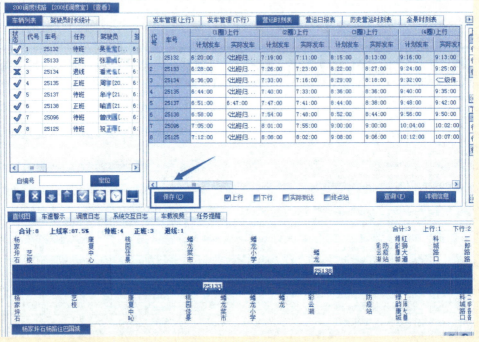

图 3-28　加班班次数据补录

图 3-29　保存营运时刻表

10）第十步：核对营运日报表。

待保存营运时刻表成功后，进入营运日报表，单击【刷新日报表】，检查营运日报表与实际是否相符，如果与实际不符，返回第八步修改核对营运时刻表，待与实际相符后，进入下一步（图3-30）。

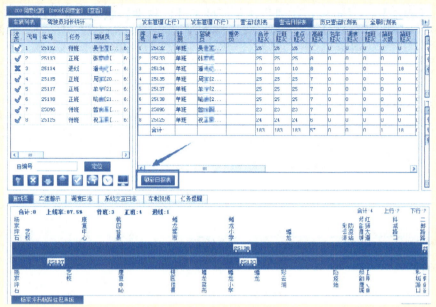

图3-30 核对营运日报表

11）第十一步：进入 ERP 系统提交、审核调度日报表。

登录账号：员工编号；

部门：西部公交。

密码：输入密码，单击登录。

调度日报表：按路径"全部模块→智能调度→调度日报表"进入"调度日报表"资料查询，按图3-31所示进行查找。

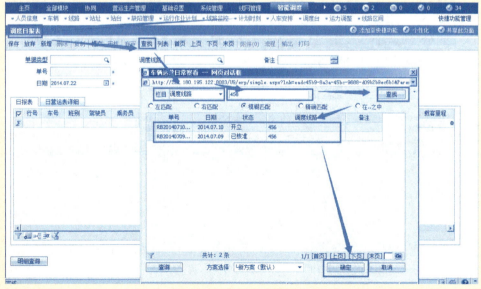

图3-31 调度日报表

查找后对数据进行核对,如果与实际不符,返回第八步,与实际相符后,依次单击【保存】→【提交】→【审核】按钮待该单据处于【已核准】状态,完成(图3-32)。

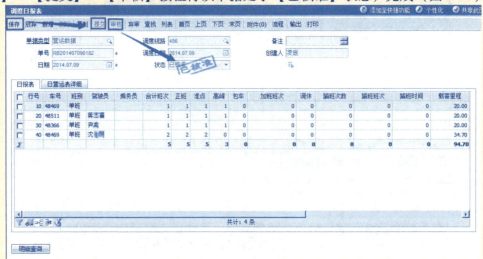

图3-32　审核调度日报表

3. 智能调度系统运营数据处理

1)营运数据提交、审核:按路径"全部模块→营运生产管理→营运数据"进入营运数据列表。调度日报表提交、审核后,自动推送到营运数据处,相关部门只需对营运数据进行批量或者单个提交、审核即可。

首先进入营运数据界面(默认进入界面为新增界面);其次左键单击【列表】进行批量提交、审核(图3-33)。

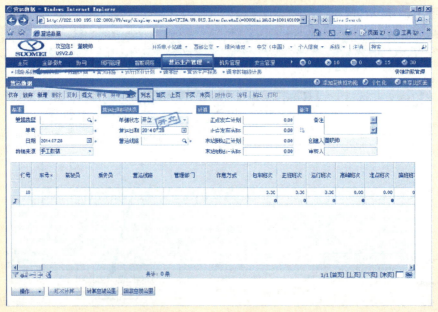

图3-33　营运数据列表

在最左上角的方框中打"√",代表勾选整页(批量选择),也可在每条数据前单个打"√",单击左上角【提交】、【审核】按钮,即可批量提交审核(图3-34)。

图 3-34　营运数据提交

2)运力调整:按路径"全部模块→营运生产管理→运力调整"进入"运力调整"资料查询(图3-35)。

图 3-35　运力调整

单个车辆进行运力调整，如图3-36所示。

图3-36　单个车辆运力调整

批量进行运力调整，如图3-37所示。

单击【批量创建运力调整单】按钮，在弹出的对话框中输入需要调整的车号、新线路，选择单据类型，勾选是否及时审核，单击确定后，会提示调整是否成功。

图3-37　批量运力调整

完成上述操作后，请按照"任务工单10　认知重庆市公交智能调度系统"要求完成本任务。

项目4

认知新技术在智能交通系统的应用

 项目描述

　　智能交通发展到现今，所涉及的技术已经远远超出了原有的交通技术本身。《交通强国建设纲要》对我国的智能交通提出了更高的发展要求，对交通行业与新技术、新产品的交融与衔接提出了更深层次的要求。要深入认识智能交通，就必然要了解当前一些新技术、新产品在交通行业的应用现状。

　　本项目主要要求学生学习当前一些新设备或者新技术在智能交通中的应用，了解如无人机、物联网技术、5G技术等新设备或新技术的发展历程、技术要点，学生结合智能交通系统的体系框架，分析和探索这些新设备与新技术在智能交通中的应用场景，激发学习者对新科技的学习热情，促进学生对应用新科技的思考和探索。

任务11　认知无人机在智能交通系统的应用

 任务描述

　　本次任务要求学习者了解无人机的起源及分类、了解无人机的构造与技术特点，结合智能交通系统的功能需求，分析如何发挥无人机高度机动、布点灵活等特点解决智能交通中的一些实际问题，比较无人机与传统设备之间的技术优势，进一步思考和探索无人机与智能交通相结合的应用场景。

　　任务开始之前，我们先请同学们思考以下问题：
　　1. 什么是无人机？它的主要优势是什么？
　　2. 大家知道无人机目前主要用在哪些地方吗？
　　3. 无人机可以为智能交通的发展提供哪些便利？

 学习目标

知识目标
1. 了解无人机的起源及分类。

2. 了解无人机的构造与技术特点。

3. 了解无人机的主要应用领域,并探讨无人机在智能交通中的应用领域和应用场景。

素养目标

培养学生发现问题、解决问题的能力。

 知识准备

2021年5月25日晚,在长沙湘江上空数百架无人机编队出动,在夜空中再现"杂交水稻之父"袁隆平样貌,以此表达人们对"杂交水稻之父"袁隆平院士的深刻怀念。

深邃的夜空中无人机编队组成了杂交水稻的图形,再现了袁隆平院士在稻田辛勤劳作的场景,用"禾下乘凉梦,一稻一人生"对其一生追求做了总结。最后空中出现了"袁隆平院士,国士无双"的字样。人们用这种方式与袁隆平院士依依惜别,充分体现了"谁把人民扛在肩上,人民就把谁装进心里"的深情厚谊。

民用无人机已经走入了大众视野,并且成为人们熟知的一种设备,在多个领域发挥着独特的作用。那么到底什么是无人机?无人机是如何出现,又是什么时候进入我们的日常生活中的?

一、无人机的起源及分类

无人机是无人驾驶飞机的简称,英文名称是 Unmanned Aerial Vehicle (UAV),又称远程驾驶航空器(Remotely Piloted Aircraft, RPA),其定义是:利用无线电遥控设备和自备的程序控制装置操纵的不载人飞机,主要有无人飞机(固定翼无人机)、无人直升机、无人多旋翼飞行器、无人自转旋翼机、无人飞艇、无人伞翼机等多种类型。无人机利用空气动力学原理飞行,既能够自动飞行也能远程引导,既能一次性使用也能进行回收,并能够携带一定重量的有效负载。

(一)无人机的起源

无人机起源于第一次世界大战期间。1917年,皮特·库柏(Peter Cooper)和埃尔默·A. 斯佩里(Elmer A. Sperry)发明了第一台自动陀螺稳定器,这种装置能够使得飞机能够保持平衡向前飞行,这项技术成果把美国的寇蒂斯N-9型教练机改造成为首架无线电控制的不载人飞行器。到第二次世界大战后,很多国家将退役的飞机改装为靶机,用来训练防空炮手。这个阶段的无人飞行器

图4-1 1935年的蜂王号

无法飞回起点,也就意味着没有办法反复使用。直到能够飞回起点的蜂王号出现(图4-1),真正意义上的无人机至此诞生。

20世纪80年代以来,一些新技术的发展为无人机提供了更进一步发展的可能性。首先

是自主飞控技术、计算机处理能力的提升使无人机开始向智能化发展；二是更加高效的无线数据传输技术实现了无人机组网和互相连通，使无人机编队和地空装备联合成为可能；三是材料科学的进步和集成电路、微电子等技术使无人机朝着更加轻盈、体积更小的方向发展；第四是电池续航能力的提升和新能源技术使无人机可以更长时间地开展飞行。无人机取得了极大的发展和进步。

随着飞控系统的开源、硬件成本下降、产业链逐渐完整、无人机市场需求增加等多方面因素的影响，无人机从军用进入了民用领域，广泛应用于电力、农业、安防、救灾防灾、商业、私人使用等各个领域。

（二）无人机的分类

目前市面上的无人机功能众多，种类繁杂，因此无人机在尺寸、重量、飞行高度、执行任务等方面存在巨大的差异。由于无人机的多样性，我们可以对无人机进行多种分类。

1. 按用途分类

从使用用途来说，无人机分为军用、民用两大类。

军用无人机对于灵敏度、飞行高度速度、智能化等有着更高的要求，是技术水平最高的无人机，主要有无人侦察/监视机、电子对抗无人机、无人战斗机、靶机等类型。如图4-2、图4-3所示是两款在国庆70周年阅兵式上出现的我国自主研发的军用无人机。

图4-2　采用飞翼隐身造型的攻击-11无人机

图4-3　BZK-005无人侦察机

民用无人机主要分为工业级和消费级两类。工业级无人机需求直接来源于具体行业，并且作业环境特殊，对功能的精准定位、高环境适应性和高可靠性要求更高，可在多种复杂环境下正常工作，在续航时间、载重量、安全可靠性等方面要求更高，具有定制化的特点，可根据使用领域的不同更换不同的模块。消费级无人机是直接面向于消费者的产品和服务，属于消费级产品、娱乐的机器，主要用来航拍和娱乐。大疆测绘无人机和大疆御Mavic Air 2消费级无人机分别如图4-4和图4-5所示。

2. 按飞行平台分类

按照不同的平台构型来看，无人机主要可分为固定翼无人机、旋翼无人机、无人直升机、无人飞艇、伞翼无人机等类型。

图4-4 大疆测绘无人机

图4-5 大疆御 Mavic Air 2 消费级无人机

固定翼无人机是指机翼外端后掠角可随速度自动或手动调整的机翼固定的一类无人机。固定翼无人机主要的升力来自机翼与空气的相对运动,起飞的时候需要助跑,降落的时候必须要滑行。最大特点是飞行速度较快,还具备续航时间长、飞行效率高、载荷量大等优点,是军用和多数民用无人机的主流平台。其缺点是起飞和降落需要跑道、不能悬停、只能按照固定航线飞行,不够灵活、操作难度较大。KC-2000 油动固定翼无人机如图4-6所示。

图4-6 KC-2000 油动固定翼无人机

旋翼(多轴)无人机具有三个及以上旋翼轴,通过电动机带动旋翼转动来产生升力,通过改变不同旋翼之间的相对转速控制其运行轨迹。它是消费级和部分民用用途的首选平台,灵活性介于固定翼无人机和无人直升机中间(起降需要推力),可以空中悬停、操纵简单、飞行灵活、成本较低。其主要缺点是续航时间较短、载荷量较小。多旋翼无人机如图4-7所示。

无人直升机由旋翼、尾桨、机体、操纵系统、动力装置等组成,通过机顶的旋翼旋转产生升力,尾部的尾桨辅助控制其飞行方向。其优点是可空中悬停、载重能力大和续航时间长,缺点是结构相对较复杂、操控难度也较大。国产 AR-500C 无人直升机如图4-8所示。

图4-7 多旋翼无人机

图4-8 国产 AR-500C 无人直升机

无人飞艇是由气囊（主气囊和副气囊）、头部装置（包括艇锥和撑条）、尾部装置、吊舱、动力装置等设备组成的，气囊内装有氢气、氦气等较轻的气体，为飞艇提供升力，结构与热气球相似。与热气球不同的是无人飞艇可自行控制飞行方向和速度。这类飞行器是一种理想的空中平台，噪声小、能耗低，无论是用来空中监视、巡逻、中继通信还是空中广告飞行、任务搭载试验、电力架线等都有广泛应用，缺点是移动速度慢、受风力影响大。无人飞艇如图4-9所示。

图4-9　无人飞艇

伞翼无人机从外形上看像我们看到的风筝，机身有柔性伞翼，伞翼可收可放，打开时伞翼迎向气流提供升力，伞翼大部分为三角形，也有长方形的。它的结构简单、操纵方便，可以折叠、拆装，适合低空飞行，适合在运输、通信、侦察、勘探和科学考察等任务中使用。伞翼无人机如图4-10所示。

扑翼无人机为仿生无人机，受鸟类或者昆虫构造启发而来的，具有可变形的小型翼翅，它利用不稳定气流的空气动力学，以及利用肌肉一样的驱动器代替电动机进行飞行。在战场上，微型无人机，特别是昆虫式无人机，不易引起敌人的注意。即使在和平时期，微型无人机也是探测核生化污染、搜寻灾难幸存者、监视犯罪团伙的得力工具。像蝴蝶一样的微型扑翼无人机如图4-11所示。

图4-10　伞翼无人机

图4-11　像蝴蝶一样的微型扑翼无人机

3. 按尺度分类

根据《无人驾驶航空器飞行管理暂行条例（征求意见稿）》规定，无人机可分为微型无人机、轻型无人机、小型无人机、中型无人机和大型无人机（表4-1）。

表4-1　无人机的分类

无人机分类	根据运行风险大小
微型无人机	是指空机质量小于0.25kg，设计性能同时满足飞行真高不超过50m、最大飞行速度不超过40km/h、无线电发射设备符合微功率短距离无线电发射设备技术要求的遥控驾驶航空器
轻型无人机	是指同时满足空机质量不超过4kg，最大起飞质量不超过7kg，最大飞行速度不超过100km/h，具备符合空域管理要求的空域保持能力和可靠被监视能力的遥控驾驶航空器。但不包括微型无人机

无人机分类	根据运行风险大小
小型无人机	是指空机质量不超过 15kg 或者最大起飞质量不超过 25kg 的无人机,但不包括微型、轻型无人机
中型无人机	是指最大起飞质量超过 25kg 不超过 150kg,且空机质量超过 15kg 的无人机
大型无人机	是指最大起飞质量超过 150kg 的无人机

4. 按活动半径分类

按活动半径,无人机可分为超近程无人机(半径≤15km)、近程无人机(15km<半径≤50km)、短程无人机(50km<半径≤200km)、中程无人机(200km<半径≤800km)和远程无人机(半径>800km)。

5. 按任务高度分类

按任务高度无人机可以分为超低空无人机(高度≤100m)、低空无人机(100m<高度≤1000m)、中空无人机(1000m<高度≤7000m)、高空无人机(7000m<高度≤18000m)和超高空无人机(高度>18000m)。

二、无人机的构造与技术特点

无人机主要由飞行器平台、飞行控制系统、动力系统、遥控器和荷载组成。由于篇幅所限,本书主要简单讲解固定翼和多旋翼无人机的构造。

(一)固定翼无人机的构造

固定翼无人机由机体结构、航电系统、动力系统、起降系统和地面控制站组成。

1. 机体结构

机体结构主要由机翼、尾翼、机身、起落架、动力装置 5 个部分组成。固定翼无人机的机体构造如图 4-12 所示。

机翼主要由翼梁、纵墙、桁条、翼肋和蒙皮等组成,是无人机飞行时提供升力和调整飞行姿势的装置。

机身主要由纵向骨架桁梁和桁条、横向骨架普通隔框和加强隔框、蒙皮等组成,其主要功能是装载燃料和设备,并将机翼、尾翼、起落装置等连成一个整体。

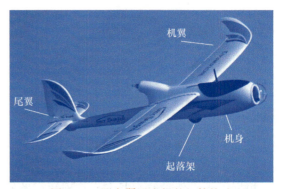

图 4-12 固定翼无人机的机体构造

尾翼主要由水平尾翼和垂直尾翼两部分组成,垂直尾翼包含固定不动的垂直安定翼和能左右摆动的方向舵两部分,负责调整机头方向;水平尾翼包含固定于机身的水平安定翼和能上下活动的升降舵两部分,负责无人机俯仰的稳定性。

起落架主要由支柱、减振器、机轮和收放机构等组成,其主要功能是提供和支撑无人机的起飞、着陆滑跑、滑行和停放等,常见有前三点式和后三点式两种结构。

动力装置包括油动和电动两种,其中油动动力装置主要由螺旋桨、发动机、舵机和辅助系统等组成，电动动力装置主要由蓄电池、电子调速器（电调）、电动机和螺旋桨等组成。动力装置的主要功能是产生拉力（螺旋桨式）或推力（喷气式），使无人机产生相对空气的运动。

2. 航电系统

航电系统由飞控计算机、感应器、酬载、无线通信设备、电池组成，满足飞机控制系统的需要。

3. 动力系统

动力系统由动力电池、螺旋桨、无刷电动机组成，提供飞机飞行所需的动力。

4. 起降系统

起降系统由弹射绳、弹射架、降落伞组成，帮助飞机完成弹射起飞和伞降着陆。

5. 地面控制站

地面控制站包括地面站计算机、手柄、电台等通信设备，用以辅助完成路线规划任务和飞行过程的监控。

（二）多旋翼无人机的构造

多旋翼无人机包括了机架、动力系统、指挥控制系统三部分。其中机架由支架、起落架、云台等组成，多旋翼无人机机架构造如图4-13所示。

机身主要用来将起落架、支架、云台等各部分连接成一个整体。动力装置通常采用电动系统，主要由蓄电池、电调、电动机和螺旋桨4个部分组成。

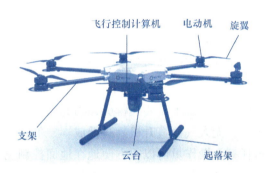

图4-13 多旋翼无人机机架构造

多旋翼无人机根据桨叶数量不同分，有3旋翼、4旋翼、6旋翼、8旋翼等多种，根据机身的布局不同分，有十字形、X形、Y形、H形等，此外浆盘的安装位置和角度也有不同，本书不再赘述。

（三）无人机的技术特点

与有人机相比，无人机具有以下优势：

1）由于机上没有飞行员，因此飞机没有生命保障系统，系统简化并减小了质量，由此降低了成本。

2）机上没有飞行员，执行危险任务时不会危及飞行员安全，更适合执行危险性高的任务。

3）机上没有飞行员，不会受到人的生理限制影响，可以适应更激烈的机动飞行和更加恶劣的飞行环境。

4）无人机在制造、使用和维护方面的技术门槛与成本相对更低。

① 制造方面：放宽了冗余性和可靠性指标，放宽了机身材料、过载、耐久等要求。

② 使用方面：使用相对简单，训练更易上手，且可用模拟器代替真机进行训练，增加了真机的实际使用寿命。

③ 维护方面：维护相对简单，维护成本低。

5）无人机对环境要求较低，包括起降环境、飞行环境和地面保障等。

6）无人机相对质量小、体积小、结构简单，应用领域广泛。

与有人机相比，无人机具有以下局限性：

1）无人机上没有飞行员和机组人员，对导航系统和通信系统的依赖性更高。

2）无人机放宽了冗余性和可靠性指标，降低了飞行安全。当发生机械故障或电子故障时，无人机及机载设备可能会产生致命损伤。

3）无人机的续航时间相对较短，尤其是电动无人机。

4）无人机遥控器、地面站、图传、数传电台等设备的通信频率和地面障碍物等，限制了无人机系统的通信传输距离，限制了无人机的飞行范围。

5）无人机的体积、质量和动力等，决定了无人机的抗风、抗雨能力有限。

三、无人机的主要应用领域

当前无人机除了应用在军事用途外，工业级无人机在各行业不同领域同时具备极大的商业价值，广泛应用于农业、电力、救灾、林业、气象、警用、海洋水利、测绘、国土资源、城市规格等各个领域的一些具体场景。以下是一些无人机常见的应用分析。

（一）无人机在气象探测等场景的应用

由于无人机不需要飞行员，因此可以广泛深入一些环境恶劣的危险地区，开展气象探测等工作。无人气象直升机具有低成本、低速、巡航距离远、高可靠性的特点，可以执行低空飞行任务，操作员可以很方便地在地面控制它的飞行路线和飞行高度。无人机实现了海洋台风探测、高原与无人区强对流天气观测、台风探测、人工影响天气及边界层（气溶胶、大气垂直廓线）探测、灾害监测与调查和生态监测等多方面应用。

中国气象局于2018年启动"海燕计划"，选用"翼龙-10"大型无人机，联合成都飞机工业集团有限责任公司等12家单位开展海洋综合气象观测试验。在2020年第3号台风"森拉克"影响海南期间，一架由中国自主研发的高空大型气象探测无人机，成功下投30枚探空仪，与毫米波雷达一起，对台风"森拉克"外围云系进行了"CT式立体扫描"。实验中使用的高空气象探测无人机如图4-14所示。

图4-14　实验中使用的高空气象探测无人机

（二）无人机在电力行业的应用

1. 电力巡检

传统电力巡检，需要巡检人员跋山涉水、攀爬登高，不仅作业强度大、风险高，而且成本也居高不下。通过事先规划好航线，应用厘米级实时定位技术，无人机可以自动巡视指定线路,通过 AI 自动检测设备并发送回诊断结果数据,后台控制室可即时掌握输电导线、地线、金具、绝缘子及铁塔运行情况。无人机巡检不仅成本低,实施也方便,同时极大地提升了工作效率。用无人机进行电力巡查如图 4-15 所示。

2. 三维建模

无人机输电线路空间距离测量技术可实现"小型电动无人机 + 微型激光测距仪"的集成应用,通过融合激光点云、数字正射影像图(DOM)、数字高程模型(DEM)、高清影像、多光谱、红外摄影、视频影像等数据,可形成输电线路通道的可见光合成图和激光三维模型,建立起文字、可见光合成图、三维模型"三位一体"的信息库,实现真实场景重建,直观展示输电通道运行状态。

3. 异物除障

针对高压输电线路上各种可燃异物的清理问题,可利用无人机携带喷火装置,采用燃烧的方法清除异物。使用该装置的工作人员无须靠近输电线路,通过远程遥控即可在带电情况下快速清除异物,不仅提高了效率,还降低了安全作业风险。用无人机清除高压线上的异物如图 4-16 所示。

图 4-15　用无人机进行电力巡查

图 4-16　用无人机清除高压线上的异物

4. 线路规划

利用固定翼无人机可进行电网工程的地形测量,为电网工程地形图设计提供影像、高程等详细基础资料作为保障,并且可以深入测绘人员难以到达的区域,最大限度减少地形图绘制过程中出现误差的可能性,提高地形图规划设计的质量和效率。

除此之外,无人机还可以进行电网建设、电网应急处理等工作,取得了良好的成效。

(三)无人机在农业中的应用

药物喷洒是农用无人机最为广泛的应用。传统的手工、机械式植保作业不仅效率不高、费时费力,而且效果不佳,并且存在一定安全隐患,例如造成喷洒人员农药中毒。由于无人机可以灵活调整飞行路线、飞行速度、喷洒高度,使用无人机喷洒农药可以更好地提高农药喷洒均匀度,避免农药浪费,为农户节省大型机械和大量人力的成本,全国各地不少地区都已使用植保无人机进行药物作业,受到了人们的肯定。无人机喷洒农药如图 4-17 所示。

无人机农田信息监测方面,可用无人机监测病虫害(图 4-18),监督作物长势、有效预估作物产量。由于光谱波段的放射率的差异，不同生长状况的植物在显示屏幕中会显示出不同的颜色；光合作用活跃的植被反射出的广谱波段大部分近红外光；死亡或不健康的植被反射了更多的红光和更少的近红外光；非植被物质表面在光谱上具有更均匀的反射率。根据上述原理，可以分析森林是否出现大规模病虫害，并确定病虫害的区域。用无人机监测病虫害如图4-18所示。

图4-17　无人机喷洒农药

图4-18　用无人机监测病虫害

无人机在农业方面的应用除以上列举的外，还可进行播种、授粉、施肥、牧群定位、放牧等操作，极大地提高了我国农业生产的集约化效果。用无人机放牧牛群的场景如图4-19所示。

（四）无人机在应急救援中的应用

1. 帮助救援人员安全快速获取灾情信息

当险情发生时，相对传统灾情侦察方式来说，用无人机进行灾情侦查，可以无视地形和环境，能够有效提升侦查的效率，第一时间查明灾害事故的关键因素，尤其是面临有毒、易燃易爆等危险环境时，既能极大减小救援人员的面临危险的可能性，又能全面、细致掌握现场情况，危险品爆炸时用无人机进行爆炸现场探测的场景如图4-20所示。此外无人机还可以集成可燃气体探测仪和有毒气体探测仪，对易燃易爆、化学事故灾害现场的相关气体浓度进行远程检测，从而得到危险部位的关键信息。后台指挥部通过对传回图像和数据进行分析，可以及时了解灾情信息，制订救援方案、救援路线等。尤其是大型地质灾害中，传统救援人

图4-19　用无人机放牧牛群的场景

图4-20　危险品爆炸时用无人机进行爆炸现场探测的场景

员往往很难及时深入受灾地区了解受灾区域的地形地貌，而通过无人机携带测绘设备反复飞行，可建立三维模型，对灾害体进行监测，精准计算出滑坡厚度、体积变化量等数据，能极大地保障救援工作安全、准确、迅速地开展，如图 4-21 所示。

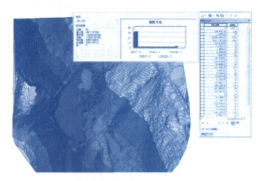

图 4-21　用无人机测量山体滑坡距离并进行滑坡体积计算

2. 通过无人机巡航探测生命迹象并投递物资

在传统救援中，救援人员靠携带生命探测仪进行近距离检测，不仅费时费力，而且救援人员本身也面临巨大危险，而通过让无人机携带红外生命探测仪的方式，在灾情附近进行巡航，能极大缩短救援时间，还可以深入救援人员到达不了的区域。

同时无人机也可携带救援物资，深入灾区进行及时投放。例如 2020 年 2 月 12 日，顺丰利用无人机，将 3.3kg 的医疗和防疫物资送到了武汉金银潭医院的医护人员手中，既有效缩短了配送时间，又避免了配送人员与医务人员的面对面接触，避免交叉感染。用顺丰无人机投放救援物资如图 4-22 所示。

3. 无人机在应急通信的应用

2021 年夏，河南省巩义市米河镇多个村庄由于暴雨洪水导致通信中断。7 月 21 日，应急管理部紧急调派翼龙无人机空中应急通信平台，穿越贵州省、重庆市、湖北省、河南省，飞行近 1200km，历时 4.5h 抵达巩义市，开展超过 $28000km^2$ 的应急通信保障任务。翼龙无人机如图 4-23 所示。

图 4-22　用顺丰无人机投放救援物资　　　　图 4-23　翼龙无人机

(五) 无人机在智能交通中的应用

1. 用于公路规划和设计

在公路规划设计当中，了解现场环境对于路线规划和设计有着至关重要的意义。在传统的公路选线过程中，往往需结合地形图、影像图等，在平面图上进行辅助线路的设计工作，这种选线方式，对于平原地段公路有着较大的帮助，但是在地形起伏较大的山地地段，以及隧道口、立交桥处辅助选线难度较大，传统的选线方式无法满足实际的使用需求。而使用无人机可以达到更好的效果：通过航拍了解公路设计范围内的地形地貌、土地使用情况、周边建筑情况等资料，验证设计的合理性。通过无人机遥感测绘技术可以获得精准的地理信息数据、建筑物模型、三维仿真数据等资料，这有利于搭建立体化仿真模型，提高选线与具体设定的针对性。用无人机测绘道路如图4-24所示。

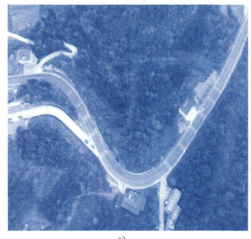

a) b)

图4-24 用无人机测绘道路

2. 用于桥梁检测

桥梁检测是公路养护中的重要环节。在公路使用期间，桥梁会不可避免地产生损伤累积、抗力衰退而影响结构寿命，因此对已建成和正在使用的桥梁采用有效手段对其安全状况进行检测与评估很有必要。传统的检测手段主要是使用吊篮、桥梁检测车、升降设备等，这种检测手段耗时长、效率低、工作人员作业危险性高、成本高。而无人机轻巧灵动，检测效率高，投入小。

无人机可以直接飞到并且悬停在桥梁需要检测的部位，不需要其他辅助措施，整个检测过程也不会对交通正常运行造成影响。通过在无人机搭载高清摄像头或者照相机，可方便地拍摄桥梁梁体底部、支座结构、盖梁、墩台结构等病害情况，视频及图片信息能实时回传；通过红外线辅助摄像头搭载不同的传感器还能快速地检查出桥梁结构中是否有渗漏水、裂缝等病害。传统桥梁检测与无人机检测如图4-25所示。

3. 用于公路巡检

公路巡检工作主要包含以下内容：一方面是对公路路面、路基、桥梁、隧道和沿线设施

 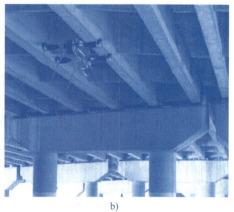

a) b)

图 4-25　传统桥梁检测与无人机检测

a）传统桥梁检测　b）无人机检测

的外观状况进行检查；另一方面是检查公路的通行情况，发现问题及时上报和处理。公路巡查工作是交通安全和顺畅运行的重要保障。传统的巡查工作需要巡查员驾驶车辆沿公路开展巡查工作，而使用无人机自动巡逻可以极大减少人工的使用，提高巡检的效率。无人机自主规划飞行航线并自动识别交通违章行为如图 4-26 所示。

 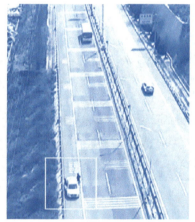

图 4-26　无人机自主规划飞行航线并自动识别交通违章行为

4. 用于施工监控

施工规划阶段，无人机搭载高清摄像镜头与测绘工具，能回传施工用地的图像、高程、三维坐标以及 GPS 定位，后台分析软件可对数据识别拼接、3D 建模、估测土方量等，对施工场地的布置和道路选线等提供强有力的信息支持。用无人机监管施工现场如图 4-27 所示。

图 4-27　用无人机监管施工现场

施工阶段，用无人机能采集影像资料，可直观地获取工地施工进展情况，在桥梁合龙等关键工序实施过程中，借助无人机开阔的视野也可协助发现施工现场的安全隐患。

5. 用于交通协管

无人机在交通协管中，可进行拥堵事件采集、事故快处快赔、视频抓拍执法、重点车辆查处、案件分析、道路监控等。2018年10月1日，《基于无人驾驶航空器的道路交通巡逻系统通用技术条件》（GA/T 1505—2018）正式实施。标准第4部分和第5部分对基于无人驾驶航空器的道路交通巡逻系统的要求进行了全面详细的阐述，包括一般要求和技术要求等。

2017年以来，深圳、珠海、南京等多地交警引入无人机参与交通管理，用无人机抓拍压线、不系安全带、开车接打电话等交通违法行为。图4-28所示为用无人机携带交通安全标语，图4-29所示为用无人机抓拍闯红灯行为。

2018年10月6日，上海临港智慧城市发展中心与阿里云合作开发智能无人机巡检系统，设置5个自动飞行机库，实现全临港无人机自动飞行、自动运维、全面巡检，构建临港"5分钟巡检圈"。

2019年，天津移动联合华为开展5G网联无人机交通协管业务试点。无人机通过挂载5G CPE终端、喊话器等设备，第一时间抵达现场拍摄取证，利用喊话器进行交通疏导，避免二次事故的发生。

图4-28　用无人机携带交通安全标语　　　　图4-29　用无人机抓拍闯红灯行为

 知识拓展

大疆无人机

说到无人机就不能不提大疆公司，根据权威数据显示，在整个无人机市场当中，大疆占据其中约85%的份额。早在2017年，美国就在全球范围内大肆宣称大疆无人机私自窃取核心数据，将大疆无人机列入政府采购黑名单中。2021年12月，美国财政部又将包括大疆在内的8家中国科技公司列入"中国军工企业"黑名单。面对困境，大疆公司靠着大量自主研发的核心技术以及严格的质量要求，抵挡住了美国政府的重重打压，屹立不倒，并在行业占据了龙头地位。尤其是在自主研发上，大疆的国际专利申请排名为全球第 29 位，据不完全统计，目前大疆的技术专利涉及飞机、航空、农业、拍摄等各个领域，专利申请已也达到了 4600 多项。

我国部分企业在海外的遭遇证明，无论是企业要发展还是国家要发展，都必须坚持走自主创新道路，拥有自己的核心技术和知识产权才能使我们的企业突破发达国家的技术垄断，获得有利的贸易和国际地位，打造具有国际竞争力的企业和品牌。

实施与评价

请按照"任务工单 11　认知无人机在智能交通系统的应用"要求完成本任务。

任务 12　认知物联网技术在智能交通系统的应用

任务描述

本次任务要求学习者了解物联网技术的发展历程、了解智能交通系统中涉及的物联网关键技术，结合智能交通系统的功能需求，分析如何发挥物联网技术的特点以解决智能交通中的一些实际问题，进一步思考和探索物联网技术与智能交通相结合的应用场景。

任务开始之前，我们先请同学们思考以下问题：
1. 什么是物联网技术？这种技术的主要优势是什么？
2. 大家能了解物联网技术目前主要用在哪些地方吗？
3. 物联网技术可以为智能交通的发展提供哪些帮助和服务？

学习目标

知识目标
1. 了解物联网技术的发展历程。
2. 了解智能交通系统中涉及的物联网关键技术。
3. 探索物联网技术在智能交通中的应用场景。

素养目标
培养学生发现问题、解决问题的能力。

知识准备

同学们是否听说过"万物皆可互联"这种说法？这种说法是物联网在发展过程中提出来的一种设想和期盼。从业者们认为，随着物联网相关技术的发展，我们最终能够将生活中各种物品都通过网络进行连接、管理和控制，实现虚拟世界与真实世界的协同和交互。近些年来,物联网行业取得了巨大的发展和进步,在各行各业进行了应用。可以远程开机和控制的空调、扫地机器人、电饭煲、电视,无人驾驶的地铁、公交车、出租车,都是通过物联网技术实现的。那么,让我们一起认识一下神奇的物联网吧!

一、物联网技术的发展历程

物联网(Internet of Things,IoT),简单来说可以理解成是物物相连的互联网,是互联网基础上的延伸和扩展的网络。我国 2017 年颁布的《物联网 术语》(GB/T 33745—2017)里对物联网的定义是:通过感知设备,按照约定协议,连接物、人、系统和信息资源,实现对物理和虚拟世界的信息进行处理并做出反应的智能服务系统。

物联网概念最早出现于比尔盖茨 1995 年《未来之路》一书,在《未来之路》中,比尔盖茨已经提及物联网概念,只是当时并未引起世人的重视。1998 年,美国麻省理工学院(MIT)创造性地提出了当时被称作 EPC 系统的"物联网"的构想。1999 年,美国 Auto – ID 首先提出"物联网"的概念,主要是建立在物品编码、射频识别技术(RFID)和互联网的基础上。2005 年,国际电信联盟(ITU)发布了《ITU 互联网报告 2005:物联网》,正式提出了"物联网"的概念,包括了所有物品的联网和应用。报告指出,未来世界上所有的物体从轮胎到牙刷、从房屋到纸巾都可以通过互联网主动进行交换,射频识别技术(RFID)、传感器技术、纳米技术、智能嵌入技术将得到更加广泛的应用。

1999 年,中国首次提出物联网的概念。2009 年 8 月,温家宝总理在无锡视察时提出"感知中国",物联网被写进政府工作报告,正式列为国家五大新兴战略性产业之一。2009 年 10 月,中国第一颗自主研发的物联网芯片——"唐芯一号"亮相。2010 年,我国将物联网列为关键技术,并宣布物联网是长期发展规划的一部分。物联网物品静态数据识别与交换技术逻辑简图如图 4-30 所示。

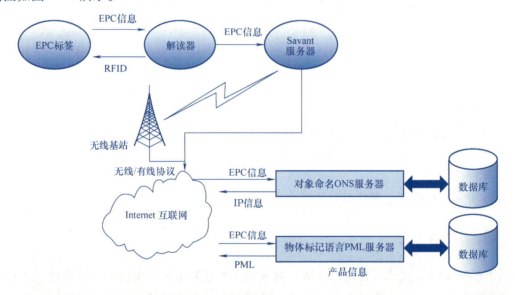

图 4-30　物联网物品静态数据识别与交换技术逻辑简图

从物联网发展来看，物联网的主要特征可以总结如下：

更全面、更透彻的感知——利用射频识别技术、二维码技术、传感器技术等感知设备获取物体的有效信息；接入的对象由传统的计算机、手机、摄像头、检测器等转变为更加丰富的物理世界里的家具家电、汽车轮胎、工业原料和产品等。

更可靠、更安全的传输——利用约定的协议和网络技术进行信息传递和共享；随着信息传递技术的进步，人与物、物与物之间的信息传递、信息共享、互相操作性都将越来越强。

更加智能化的处理手段——随着大数据技术、云计算技术、人工智能的进一步发展，可以借助更科学的决策模型、深入的数据挖掘技术，支撑更加高效智能的决策。

二、智能交通中涉及的物联网关键技术

（一）感知技术

智能交通系统是建立在大量的交通数据上的，因此及时获取道路交通有关信息对于智能交通系统的正常运转显得尤为重要。当前智能交通管理系统中涉及的主要信息包含以下三大类：第一类是交通流数据，例如路上的实时交通量、车速、延误、车头时距等；第二类是道路基础设施运行状况数据，如桥梁、边坡、隧道的结构和运行情况；第三类是交通事件数据，如交通事故、车辆排队、车辆违章、货物散落等。对应的感知技术也主要有如下三类。

1. 交通流感知技术

这类技术主要是收集道路上运行的交通流的特征数据，例如交通流量、平均车速、车头间距、排队长度、延误大小等，采集到的数据被传输到控制中心，控制中心经过数据处理，分析道路上交通流的运行状态，及时调整道路控制和管理的手段。目前主要采用的交通流采集技术有以下几种：

（1）环形线圈检测技术　环形线圈检测技术是目前国内外使用最广泛的车辆检测技术之一。其技术原理是：通过埋设在路面下的环形线圈连接电源产生电磁感应，当车辆通过或停在线圈上时会改变线圈的电感量，检测器通过检测电感量的变动，从而检测到通过或停在线圈上的车辆。通过这项技术可以采集交通量、车速、车道占有率等交通信息。

（2）视频检测技术　视频检测技术是一种非接触式检测技术。其技术原理是：通过视频监控设备获取道路交通的图像或视频，利用运动目标检测技术和图像识别技术对获取的图像或视频进行处理和分析，实现交通流信息的采集。

（3）微波（多普勒）检测技术　微波检测器由微波发射设备和接收器组成。其技术原理是微波发射设备对检测区域发射微波，当车辆通过时，由于多普勒效应，反射波会以不同的频率返回，通过接收器检测反射波的频率能检测到车辆是否通过。微波检测技术主要类型有红外线检测、超声波检测、雷达检测等。通过这项技术可以采集交通量、道路占有率、平均车速等交通信息。雷达测速仪和微波检测器分别如图4-31和图4-32所示。

图4-31　雷达测速仪

（4）基于 GPS 定位的采集技术　基于 GPS 定位的采集技术的原理是：利用车载的 GPS 定位接收装置接收 GPS 卫星信号，从而定位并记录车辆的位置、车速等交通信息，车载智能装备在获取这些数据后，利用通信技术将数据传输到控制中心。如果控制中心获得足够多车辆的 GPS 数据，控制中心就可以利用地图匹配、路径推测等技术将浮动车数据和路网数据结合，计算出各路段的交通量、车速、延误等交通流数据。这些车辆被称为浮动车（Floating Car），这种检测法也被称为 GPS 浮动车法。

除此之外，目前的智能交通系统下，还有基于 RFID 技术的车载电子标签采集技术、基于蜂窝网络利用手机信号的采集技术等多种新型交通流采集技术。各类技术各有优缺点，适用于不同场合，为快速准确地获取道路交通流信息提供了技术支持。

图 4-32　微波检测器

2. 道路基础设施感知技术

此类感知技术主要用于对道路基础设施的运行状态进行智能化监测，及时发现公路基础设施的结构稳定性、完整性等特征信息的变化，对异常现象进行预警和预报，从而协助养护工作的开展，减少安全事故的发生。

（1）桥梁检测

1）基于全球导航卫星系统（GNSS）的桥梁智能监测系统。系统利用全球导航卫星系统，结合湿度计、应变计、位移计等设备或传感器，获取桥梁索塔及桥面等特征部位 GNSS 监测点位移的实时变化情况，对大桥结构的健康状况、结构安全进行评估，全面获取桥梁运营状况的信息，用来评估结构的安全性、耐久性和使用性。基于 GNSS 的桥梁智能监测系统框架如图 4-33 所示。

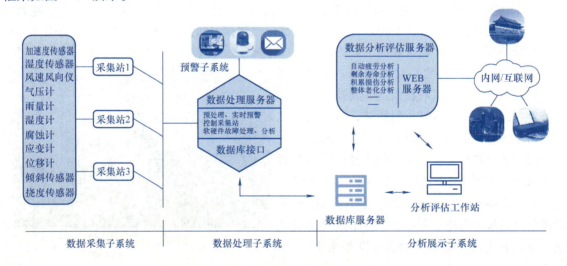

图 4-33　基于 GNSS 的桥梁智能监测系统框架

2）基于"5G+北斗"的智慧桥梁监测平台。该平台基于桥梁健康监测技术，依托5G通信技术、北斗高精度定位作为时空信息基础设施，研发基于"5G+北斗"的智慧桥梁监测系统，实现桥梁结构关键点位形变实时监测、自动安全预警、综合项目管理，辅助专业的管理、养护、运维人员进行管养决策、精确养护和闭环管理，促进桥梁设施监测的数字化、信息化和智能化。基于"5G+北斗"的桥梁监测系统如图4-34所示。

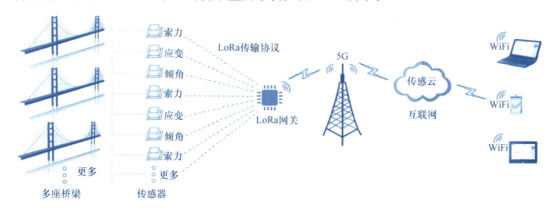

图4-34　基于"5G+北斗"的桥梁监测系统

（2）边坡监测　边坡监测主要目的在于确定道路边坡的结构稳定性，监测支撑结构的承载能力、耐久性能。智能边坡检测系统主要是以物联网、大数据、北斗定位等技术为基础，综合利用BIM技术、GNSS技术、光纤光栅技术、亚像素定位技术等检测技术，建立地表和地下深部的边坡监控物联网络，对边坡滑坡进行系统、可靠的安全监测。智慧边坡监测系统框架如图4-35所示。

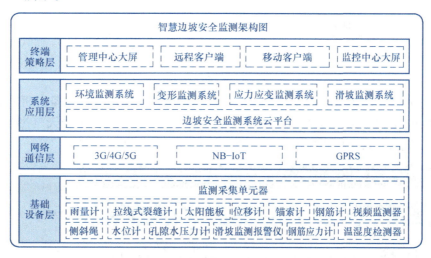

图4-35　智慧边坡监测系统框架

（3）隧道监测　隧道智能监测系统主要利用传感技术和设备对隧道内部进行有效监测，获取隧道地表下沉、土体位移、混凝土应变、围岩倾斜等相关数据，对隧道进行病害判断。主要监测手段有三维激光扫描技术、视频监测技术、冲击回波技术等。

3. 交通事件感知技术

交通事件是指具有偶发性并且会导致相应路段道路通行能力下降或者交通需求不正常升高的各类事件，如交通事故、车辆故障、交通违章行为、货物掉落等。交通事件能否及时发现和处理，对于是否能保障道路通行秩序和交通安全有着重要的意义。交通事件感知技术是指利用道路沿线安装的设施设备进行交通事件检测的技术。常见交通事件检测技术对比见表4-2，基于视频监控技术的交通事件检测系统如图4-36所示。

表4-2 常见交通事件检测技术对比

检测技术		检测方法	优点	缺点
人工检测	市民报警，巡逻人员、交警报告	报警电话、巡逻车	方便、直接、经济	市民报警误报率高，需要接警人员处理；巡逻人员和交警管理则需要大量人员投入，实时性不够强
自动检测（AID）	间接检测	线圈、雷达、红外线、微波检测等	技术成熟、运营成本较低、不需要密集安装外场设备、不易受天气影响	误报率高、实时性不够强
	直接检测	视频图像识别	检测精度高、实时性强	需要密集安装设备、初期投入高、技术难度大、易受天气影响

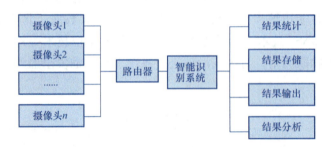

图4-36 基于视频监控技术的交通事件检测系统

近年来，行业正在推出将视频检测技术和雷达检测技术相结合的设备，将两者的优点相结合，既达到降低误报率、提高事件检测实时性的效果，又可达到不受天气影响全天候24h工作的效果。视频与雷达检测技术相结合的事件检测系统如图4-37所示。

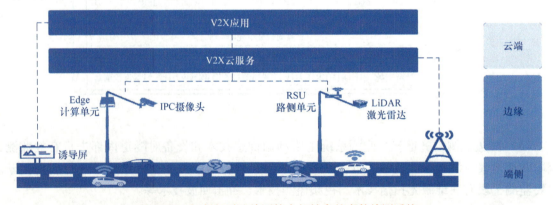

图4-37 视频与雷达检测技术相结合的事件检测系统

(二) 网络传输技术

物联网技术与智能交通相融合,诞生的最主要的成果有两个,一个是车路协同技术、一个是智能网联汽车的诞生。车路协同是采用先进的无线通信和新一代互联网等技术,全方位实施车–车、车–路动态实时信息交互,并在全时空动态交通信息采集与融合的基础上开展车辆主动安全控制和道路协同管理,充分实现人、车、路的有效协同,保证交通安全,提高通行效率,从而形成的安全、高效和环保的道路交通系统。智能网联汽车(Intelligent Connected Vehicle,ICV),是指车联网与智能汽车的有机联合,是搭载先进的车载传感器、控制器、执行器等装置,并融合现代通信与网络技术,实现车与人、路、后台等智能信息交换共享,实现安全、舒适、节能、高效行驶,并最终可替代人来操作的新一代汽车。

在实现车路协同和智能网联汽车的过程中,都要求实现动态信息的实时交互,主要涉及的无线传输技术以下几种。

1. DSRC 技术

DSRC(专用短程通信技术)是基于长距离射频识别技术(RFID)的微波无线传输技术。它可以实现在特定小区域内对高速运动下的移动目标的识别和双向通信,例如车辆与车辆(V2V)、车辆与基础设施(V2I)、车联网(V2X)双向通信。

DSRC 系统主要包括三个部分:车载单元(OBU)、路侧单元(RSU)和专用短程通信协议。DSRC 有两种信息传输形式:主动式和被动式。主动式的系统中 RSU 和 OBU 均有振荡器,都可以发射电磁波。当 RSU 向 OBU 发射询问信号后,OBU 利用自身电池能量发射数据给 RSU,主动式 DSRC 技术中 OBU 必须配置电池。被动式的系统中 RSU 发射电磁信号,OBU 被激活后进入通信状态,并以一种切换频率反向发送给 RSU,被动式 DSRC 技术中 OBU 电池配置可有可无。

DSRC 技术当前应用于 ITS 主要提供如下服务:

1)信息提供服务:提供及时、具体的交通信息,满足多种服务需求,如车辆导航、安全驾驶、车辆调度、紧急车辆处理等。

2)数据交换服务:完成车辆身份信息、电子收费等数据传输,还可以与联网的车道工控机、收费站计算机、结算中心以及管理计算机高效率互通信息。

3)实时检测服务:道路上时刻运行着各类特殊车辆,如违章车、盗窃车、军警车等,所有这些都需要实时检测、严密监控、妥当处理,最大限度地保障人民生命财产安全。

4)数据加密服务:基于 DSRC 技术能对需要保密的信息(如收费信息、安全信息等)进行高强度的加密处理,确保信息安全、畅通传输。

2. 基于蜂窝移动通信系统的 C–V2X

V2X(Vehicle to Everything),即车与外界信息交换的意思,主要包含车辆与车辆连接(V2V),车辆与基础设施连接(V2I),车辆与互联网连接(V2N)以及车辆与行人连接(V2P)四种技术。V2X 技术如图 4-38 所示。

C–V2X 技术是基于移动蜂窝网络的 V2X 通信技术,包含基于 LTE 以及 5G 的 V2X 系统,是 DSRC 技术的有力补充。LTE–V2X 能重复使用现有的蜂巢式基础设施与频谱,营运商不需要布建专用的路侧设备(Road Side Unit,RSU)以及提供专用频谱。LTE–V2X 主要解决

图 4-38　V2X 技术

交通实体之间的"共享传感"（Sensor Sharing）问题，可将车载探测系统（如雷达、摄像头）距离从数十米的视距范围扩展到数百米以上的非视距范围，成倍提高车载 AI 的效能，实现在相对简单的交通场景下的辅助驾驶。LTE－V2X 包括集中式和分布式两种技术。其中集中式以基站为分布中心，分布式则是车－车之间的直接通信。

C－V2X通信技术

3. C－V2X 技术和 DSRC 技术比较分析

DSRC 技术成熟度比较高，LTE－V2X 技术成熟较晚，DSRC 主要是由欧美企业参与制定和应用，而 C－V2X 是由中国企业为主牵头制定并应用，包括 LTE－V2X（基于4G 设计的车联网无线通信技术）和 5G－V2X（NR）（基于 5G 设计的车联网无线通信技术）。从技术层面来看，DSRC 技术成熟，产业链完善，已形成大量专利，具备商用条件，但存在以下缺点：一是存在节点隐藏和拥堵问题，无法保证通信质量；二是花费巨大，存在安全和维护问题。LTE－V2X 的优势在于：第一，容量更大、通信距离更远、误包率更低；第二，能够充分利用蜂窝网基础设施、节约成本；第三，我国拥有自主知识产权，信息安全性更高；第四，将来可以平滑过渡到 5G－V2X，支持自动驾驶等更高级应用。

《智能汽车创新发展战略（征求意见稿）》明确了我国车用无线通信网络以 LTE－V2X 和 5G－V2X 为主。

（三）大数据技术

在物联网系统中，通过感知技术收集到的海量数据，再通过无线传输技术传送到控制中心，控制中心需要对数据进行处理、挖掘和输出显示，以利于交通管理部门进行决策。大数据技术将在本书后面的项目中进行讲解，这里不再赘述。

三、物联网技术在交通中的应用场景

1. 车路协同系统

车路协同系统（CVIS）主要是采用无线通信、传感探测等先进技术手段，实现对人、

车、路信息的全面感知和车辆与基础设施之间、车辆与车辆之间的智能协同和配合，从而达到优化并利用系统资源、提高道路交通安全与效率、缓解道路交通拥挤的目标。车路协同系统是物联网技术在交通中的典型场景。车路协同构想如图 4-39 所示。

图 4-39　车路协同构想

车路协同系统主要由智能车载系统、智能路侧系统和通信平台三个部分组成。其中，智能车载系统负责采集自身车辆状态信息和感知周围行车环境；智能路侧系统负责采集交通流信息（车流量、平均车速等）和道路异常信息、道路路面状况、道路几何状况等；通信平台主要是负责整个系统的通信和实现路侧设备与车载设备之间的信息交互。

目前车路协同系统的典型应用场景主要有：盲点警告、前方障碍物碰撞预防、交叉口辅助驾驶、过街行人检测、禁行预警、匝道控制、信号配时、弯道自适应车速控制等。路侧智能基站如图 4-40 所示，碰撞预警原理如图 4-41 所示。

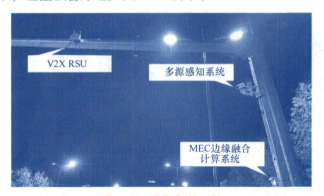

图 4-40　路侧智能基站

2018 年 10 月 29 日，百度与长沙市人民政府签订协议，基于 Apollo 开放平台，打造"自动驾驶与车路协同创新示范城市"。2018 年 11 月 1 日，百度宣布，车路协同将开始面向高速公路、停车场、城市道路的三大典型场景。2018 年 12 月 28 日，百度 Apollo 自动驾驶全场景车型亮相长沙测试区，并完成全国首例 L3 及 L4 级别多车型高速场景自动驾驶车路协同演示。2019 年 9 月 26 日，百度首批 45 辆"自动驾驶出租车队"在长沙正式面向公众。2020 年 4 月 20 日，百度无人驾驶出租车 Robotaxi 正式落地长沙。2020 年 9 月，百度参与建设的中国首条支持高级别自动驾驶车路协同的高速公路 G5517 长常北线高速长益段正式通车。图 4-42 所示为百度在长沙进行自动驾驶车路协同测试。

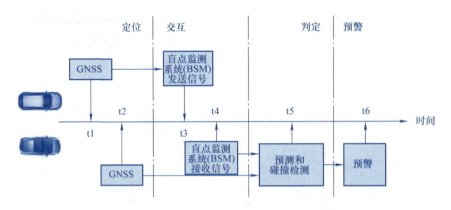

图 4-41　碰撞预警原理

2. 自动驾驶汽车

自动驾驶汽车是物联网与汽车及时深度融合后的产物。自动驾驶汽车又被称为无人驾驶汽车，是指能够通过车载传感系统感知道路环境、自动规划行车路线并控制车辆到达预定目标的一种智能汽车。自动驾驶车辆通过自身携带的各种车载传感设备感知周围

图 4-42　百度在长沙进行自动驾驶车路协同测试

环境和道路信息（如道路、车辆位置、其他车辆与行人等），然后由控制系统控制车辆完成行驶、转向、加速、减速等操作。网联汽车交互模式如图 4-43 所示。

图 4-43　网联汽车交互模式

自动驾驶的研究历史已经长达数十年。1986 年，卡内基·梅隆大学开发了第一辆由计算机驾驶的自动驾驶汽车 Navlab 1（图4-44）。与此同时，各个汽车制造厂商也在积极投身于自动驾驶汽车的研发。2012 年 5 月，谷歌自动驾驶汽车获得了美国首个自动驾驶车辆许可证。2015 年 10 月，特斯拉推出了半自动驾驶系统 Autopilot，这是第一个投入商用的自动驾驶技术。2016 年，通用汽车收购了自动驾驶技术创业公司 Cruise Automation，正式进入自动驾驶领域。2016 年 7 月，宝马、英特尔、Mobileye 联合宣布将合作研发自动驾驶汽车。

我国在自动驾驶汽车方面的研究起步稍晚。清华大学在国防科工委和国家"863 计划"的资助下，从 1988 年开始研究开发 THMR 系列智能车，THMR–V 智能车能够实现结构化环境下的车道线自动跟踪。1992 年，国防科技大学成功研制出中国第一辆真正意义上的自动驾驶汽车。2011 年 7 月，由一汽集团与国防科技大学共同研制的红旗 HQ3 自动驾驶汽车完成了 286km 的面向高速公路的全程无人驾驶试验。2012 年，军事交通学院的"军交猛狮Ⅲ号"

以无人驾驶状态行驶114km，最高时速为105km/h。2018年5月，宇通客车在其2018年新能源全系产品发布会上宣布，已具备面向高速结构化道路和园区开放通勤道路的Level 4级别自动驾驶能力。随着人工智能和深度学习技术发展，百度、阿里、腾讯、华为等高科技公司也开始投入到自动驾驶汽车领域当中来。华为自动驾驶汽车如图4-45所示。

图4-44　Navlab 1自动驾驶汽车

图4-45　华为自动驾驶汽车

国家对于自动驾驶汽车的发展也极为重视。我国陆续出台《国家车联网产业标准体系建设指南（智能网联汽车）》《道路车辆先进驾驶辅助系统（ADAS）术语和定义》（GB/T 39263—2020）《智能网联汽车技术路线图》等多项文件，从政策层面支持和指导智能网联汽车的发展。

自动驾驶汽车集自动控制、体系结构、人工智能、视觉计算等众多技术于一体，是计算机科学、模式识别和智能控制技术高度发展的产物。自动驾驶车辆构架如图4-46所示。

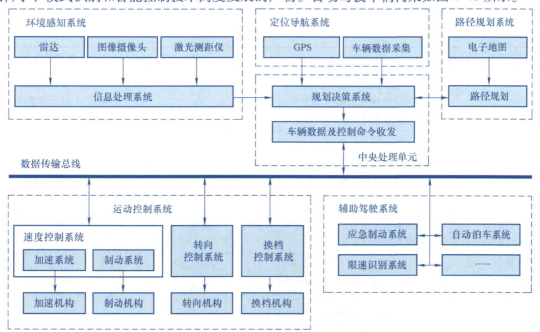

图4-46　自动驾驶车辆构架

美国国家公路交通安全管理局（NHTSA）和美国汽车工程师学会（SAE）的自动驾驶技术分级见表4-3。

表4-3　NHTSA 和 SAE 的自动驾驶技术分级

自动驾驶分级		名称	定义	驾驶操作	周边监控	接管	应用场景
NHTSA	SAE						
L0	L0	人工驾驶	由人类驾驶人全权驾驶汽车	人类驾驶人	人类驾驶人	人类驾驶人	无
L1	L1	辅助驾驶	车辆对转向盘和加减速中的一项操作提供驾驶，人类驾驶人负责其余的驾驶操作	人类驾驶人和车辆	人类驾驶人	人类驾驶人	限定场景
L2	L2	部分自动驾驶	车辆对转向盘和加减速中的多项操作提供驾驶，人类驾驶人负责其余的驾驶操作	车辆	人类驾驶人	人类驾驶人	
L3	L3	条件自动驾驶	由车辆完成绝大部分驾驶操作，人类驾驶人需保持注意力以备不时之需	车辆	车辆	人类驾驶人	
L4	L4	高度自动驾驶	由车辆完成绝大部分驾驶操作，人类驾驶人无须保持注意力，但限定道路和环境条件	车辆	车辆	车辆	
	L5	完全自动驾驶	由车辆完成绝大部分驾驶操作，人类驾驶人无须保持注意力	车辆	车辆	车辆	所有场景

中国汽车智能化分级分为 DA、PA、CA、HA、FA 五个等级（表4-4），汽车网联通信分级分为三个等级（表4-5）。

表4-4　中国汽车智能化分级

智能化等级		等级名称	等级定义	控制	监视	失效应对	典型工况
人监控驾驶环境	1	驾驶辅助（DA）	系统根据环境信息执行转向和加减速中的一项操作，其余驾驶操作都由人完成	人与系统	人	人	车道内正常行驶，高速公路无车道干涉路段，停车工况
	2	部分自动驾驶（PA）	系统根据环境信息执行转向和加减速操作，其余操作都由人完成	人与系统	人	人	高速公路及市区无车道干涉路段，换道、环岛绕行、拥堵跟车等工况
自动驾驶系统监控驾驶环境	3	有条件自动驾驶（CA）	系统完成所有驾驶操作，根据系统请求，驾驶人需要提供适当的干预	系统	系统	人	高速公路正常行驶工况，市区无车道干涉路段
	4	高度自动驾驶（HA）	系统完成所有驾驶操作，特定环境下系统会向驾驶人提出响应请求，驾驶人可对系统请求不进行响应	系统	系统	系统	高速公路全部工况及市区有车道干涉路段
	5	完全自动驾驶（FA）	系统可以完成所有道路下的操作，不需要驾驶人加入	系统	系统	系统	所有行驶工况

表 4-5　中国汽车网联通信分级

网联化等级	等级名称	等级定义	控制	典型信息	传输需求
1	网联辅助信息交互	基于车–路、车–后台通信，实现导航等辅助信息的获取以及车辆行驶与驾驶人操作等数据的上传	人	地图、交通流量、交通标志、油耗、里程等信息	传输实时性、可靠性要求较低
2	网联协同感知	基于车–车、车–路、车–人、车–后台通信，实时获取车辆周边交通环境信息、与车载传感器的感知信息融合，作为自车决策与控制系统的输入	人与系统	周边车辆、行人、非机动车位置、信号灯相位、道路预警等信息	传输实时性、可靠性要求较高
3	网联协同决策与控制	基于车–车、车–路、车–人、车–后台通信，实时并可靠获取车辆周边交通环境信息和车辆决策信息，车–车、车–路等各交通参与者之间信息进行交互融合，形成车–车、车–路等各交通参与者之间的协调决策与控制	人与系统	车–车、车–路间的协同控制信息	传输实时性、可靠性要求最高

3. 智能化的交通管理和服务

除以上应用之外，物联网还可以为提升交通管理和服务水平贡献自己的力量，如 ETC 收费系统、智能治超系统、货运车辆编队服务、公交智能化管理、出租车智能化管理、"两客一危"车辆智能化管理等。

 知识拓展

物联网技术应用的案例

2014 年，美的和阿里云合作研发的一款基于物联网技术的智能空调在天猫电器城开售，用户可以通过互联网或者内部网络，远程控制空调开机关机、控制空调的模式、温度、风速等。设想一下：在炎热的夏天，你在下班回家的途中把家里的空调开启，当到家时原本闷热的室内已经是凉风习习。目前的智能家居已经具备了强大的功能，例如可以根据主人需求自动调节室内亮度的窗帘、能够远程控制进行简单烹饪的蒸烤炉、能够提前自动放好温水的浴缸等。

 实施与评价

请按照"任务工单 12　认知物联网技术在智能交通系统的应用"要求完成本任务。

任务 13　认知大数据技术在智能交通系统的应用

本次任务主要学习大数据技术在智能交通系统中的应用场景，目的是使学生了解大数据技术的概念和特点，掌握大数据技术在智能交通系统的发展趋势。

知识目标
1. 了解大数据技术的概念与特征。
2. 了解发展大数据技术的必要性。
3. 了解大数据技术给智能交通系统带来的影响。
4. 了解基于大数据的城市智能交通系统架构。
5. 了解智能交通系统中大数据的应用。
6. 了解大数据下城市智能交通系统的发展前景。

素养目标
拓宽学生眼界，培养学生的创新能力。

一、大数据简介

随着计算机技术的迅猛发展及应用，各大行业应用所产生的数据呈爆炸式地增长，如网上购物、搜索引擎、传感器、通信等都在疯狂地产生数据，数据的规模已远远超出了传统的计算机技术和信息系统的处理能力，面对海量数据带来的挑战，人们也已经意识到数据对企业的重要性，所以，寻找有效的处理数据的技术、方法和手段已经成为迫切的需求。《纽约时报》在 2012 年 2 月份的一篇专栏中指出，大数据时代已经降临，在经济、商业等其他领域中，所有的决策将基于数据和分析而做出。2016 年 3 月我国公布的"十三五"规划中，明确提出把大数据作为基础战略性资源。大数据技术的战略意义在于对庞大的、含有意义的数据进行专业化处理，提高实时交互式的查询效率和分析能力。

1. 大数据技术的概念

大数据由巨型数据集组成，这些数据集大小常超出人类在可接受时间下的收集、存储、管理和处理能力。大数据的大小经常改变，截至 2012 年，单一数据集的大小从数太字节（TB）至数十兆亿字节（PB）不等。

大数据是指无法在一定时间内用常规软件工具对其内容进行抓取、管理和处理的数据集合。大数据技术，是指从各种各样类型的数据中，快速获得有价值信息的能力。适用于大数据的技术，包括大规模并行处理（MPP）数据库、数据挖掘电网、分布式文件系统、分布式数据库、云计算平台、互联网和可扩展的存储系统。

2. 大数据的特征

具体来说，大数据具有4个基本特征：

1）数据体量巨大。有资料表明，百度新首页导航每天需要提供的数据超过1.5PB（1PB=1024TB），这些数据如果打印出来将超过5000亿张A4纸。有资料证实，到目前为止，人类生产的所有印刷材料的数据量仅为200PB。

2）数据类型多样。现在的数据类型不仅是文本式，更多的是图片、视频、音频、地理位置信息等多类型的数据，个性化数据占绝大多数。

3）处理速度快。数据处理遵循"1秒定律"，可从各种类型的数据中快速获得高价值的信息。

4）价值密度低。以视频为例，1h的视频，在不间断的监控过程中，可能有用的数据仅仅只有1~2s。

3. 发展大数据技术的必要性

1）对大数据的处理分析正成为新一代信息技术融合应用的结点。移动互联网、物联网、社交网络、数字家庭、电子商务等是新一代信息技术的应用形态，这些应用不断产生大数据。云计算为这些海量、多样化的大数据提供存储和运算平台，通过对不同来源数据的管理、处理、分析与优化，将结果反馈到上述应用中，将创造出巨大的经济和社会价值。大数据具有催生社会变革的能量，但释放这种能量，需要严谨的数据治理、富有洞见的数据分析和激发管理创新的环境。

2）大数据是信息产业持续高速增长的新引擎。面向大数据市场的新技术、新产品、新服务、新业态会不断涌现。在硬件与集成设备领域，大数据将对芯片、存储产业产生重要影响，还将催生一体化数据存储处理服务器、内存计算等市场。在软件与服务领域，大数据将引发数据快速处理分析、数据挖掘技术和软件产品的发展。

3）大数据利用将成为提高核心竞争力的关键因素。各行各业的决策正在从"业务驱动"转变为"数据驱动"。对大数据的分析可以使零售商实时掌握市场动态并迅速做出应对；可以为商家制订更加精准有效的营销策略提供决策支持；可以帮助企业为消费者提供更加及时和个性化的服务；在医疗领域，可提高诊断准确性和药物有效性；在公共事业领域，大数据也开始发挥促进经济发展、维护社会稳定等方面的重要作用。

4）大数据时代科学研究的方法手段将发生重大改变。例如，抽样调查是社会科学的基本研究方法。在大数据时代，可通过实时监测、跟踪研究对象在互联网上产生的海量行为数据，并进行挖掘分析，揭示出规律性的东西，提出研究结论和对策。

二、大数据技术给智能交通系统带来的影响

在网络信息技术高速发展的今天，我们已经迎来了大数据时代，大数据已经走入我们的

日常工作和生活中，并成为不可缺失的一部分。显然数据资产已经成为推动各大行业优化发展的有力媒介，在交通领域亦是如此，通过运用大数据技术，良好地使用、处理交通数据，才能解决我国当前面临的严峻交通问题。

1. 智能交通系统中大数据技术的应用优势

数据信息是智能交通系统中非常重要的组成部分，交通数据信息的采集、处理及发布方式针对智能交通系统的运行意义重大。在智能交通系统中运用大数据技术可以给人们的出行提供诸多便利，利用大数据技术可以实现信息的采集、分析处理以及保存等多项不同功能。交通大数据信息同时兼具价值高、存储量大、信息处理速度快等多方面特点，所以怎样通过大数据技术做好智能交通系统的管理是大数据技术实际应用的关键所在。智能交通系统中运用大数据技术的优势重点体现在如下几个层面。

（1）区域限制突破　我国的城市数量多，各个城市之间的交通数据也是不一样的，传统的数据能够实现本市范围内数据的统计、挖掘、分析以及预测。但传统的数据无法有效处理好几个城市的数据，导致城市之间缺乏数据间的横向对比、分析以及深层挖掘，对数据利用分析不够彻底、透彻。

大数据的出现改变了传统数据的局限性，其凭借大量数据的统一存储、快速分析功能，有效打破了智能交通系统的区域限制，通过数据将城市与城市、省与省串联起来，能够为交通管理者提供全面的数据，便于其做出管理决策，使管理者能够做出最合理的优化，提高道路通行效率和城市满意度。

（2）部门限制突破　我国在交通管理方面一直都比较分散，部门多，统一性不足。过去，各个部门之间的信息系统都是独立的，信息应用范围十分狭隘，只能在各部门的业务范围内发挥功用。在此背景下，各个部门之间各司其职，系统关联下的交通沟通也少，从而会影响交通管理工作的效率。

大数据的发展与应用建立起了统一的综合性交通信息管理系统，其将各个部门间的数据信息库集聚起来，形成了一个大数据库，并由此实现了信息的整合，便于进行综合性查询利用。大数据下的交通管理成为一个整体，其性能与工作效率也随之提升，各部门之间的交流得到增强，协作也更加顺畅。

（3）预测水平提升　过去，面对交通堵塞的情况，采取的交通管理方法大多为加宽道路或增加里程。这两种方法虽然能一定程度上确保交通顺畅，但却有很多限制。比如，加宽道路时需动用土地资源，还需要规划有关基础设施建设，期间投入的人力、财力、物力都十分庞大，因此无法及时有效地解决交通问题。

而大数据的应用便能有效解决这一问题，各交通部门可以通过数据建立起科学预测模型，模拟交通未来通行状况，以此验证管理方案是否有效。同时，借助大数据还能提升信息预测能力，针对交通状况进行准确有效的预测，为交通管理部门进行决策提供帮助。

2. 大数据在智能交通系统中应用产生的问题

（1）安全与隐私问题　大数据在智能交通系统上运用有诸多好处，但也可能因制度盲区、监管不力，致使个人信息、如个人位置信息、出行习惯等私人信息被泄露。

（2）数据开放问题　智能交通系统中每天都在产生大量的交通数据，基本上是供各部门系统内部使用，利用率低，且容易造成数据封闭管理的现象。为了使数据得到有效利用，交通数据应该得到公开，促进数据开放共享。

（3）数据存取问题　智能交通系统可以利用各硬件设备采集的动态数据，但对于静态数据，如路面上的停车情况等数据无法读取和利用，所以静态数据应该统一成交通系统可以利用的格式或建立智能化的交通数据存取中心，提高数据存取的多样性。

三、基于大数据的城市智能交通系统架构

以大数据为基础建立起来的城市智能交通系统，其覆盖面积十分广阔，是一种全面立体的综合型交通管理系统。该系统在数据采集、动态监控、数据发掘以及智能管控上都有所涉及，能通过各种渠道采集交通信息并将其集中储存到库中。随着交通控制系统技术的升级更新，其不仅能采集文字或者数字类的信息，还能采集视频等动态信息数据，数据采集种类变得更加丰富多样。同时，基于大数据的智能系统数据处理既能保证数据的有用性，又能保证数据的实时性。城市智能交通系统的基本框架可以分为四层。

（1）感知层　感知层是以物联网为基础进行构建的，其能依靠多种终端系统渠道，如传感器、摄像探头等感知与监察车辆运行情况，并采集相应的交通信息数据。在物联网基础上架构起来的城市智能交通系统，通常采用的信息采集手段为微博、视频以及地磁检测等固定形式，其同时还能结合公交车、出租车以及私家车的交通运行，利用车载定位装置、无线通信系统等技术，完成路网网络内交通流量、占有率以及平均速度等交通信息要素的实时跟踪获取工作。

（2）网络层　网络层通过电信网络把采集的信息传输到服务器的过程中，需要数据库在设计时能容纳各种设备采集数据，并对数据开展整合统一；依靠当前的移动网与互联网，将感知层获取的信息传输到目标设备，实现通信的远距离传输共享。

（3）数据层　数据层主要依靠数据融合、发掘、建模等技术，来处理路网采集到的数据，以有效规划公交车、特殊车辆的交通路径，预警交通堵塞以及管制各种交通突发状况，对这些数据进行全面采集、综合分析。

（4）应用层　应用层在整合、分析与转换终端信息之后，能够与交通控制系统进行沟通，构建起稳定、安全、高效、合理的城市智能交通管理系统应用平台，并能在道路交通管理过程中实时反馈交通信息，开展交通管控工作，优化公共交通状况。同时，应用层还能通过移动终端把信息传输给用户，使用户可以参考该信息，选择行驶路程最短、花费时间最少的交通线路，以此疏通交通网络，缓解交通堵塞状况。

四、大数据下城市智能交通系统的发展前景

展望未来，大数据在城市智能交通系统中的应用发展主要分为 4 方面，即政府管理、公众服务、便民服务和生态融合。

1）政府管理：交通管理部门能够应用大数据来分析采集的各类交通信息，以此为参考制订最优决策方案，降低交通堵塞发生的概率，提升交通运行的通畅性。

2）公众服务：为出行人员提供各类精细准确的外出服务，例如公共车辆到站时间查询、

跨区域交通行驶道路导航、停车引导以及共享单车位置等。除此之外，其还能长时间记录每个人的出行状况，提供各种定制化服务，优化用户使用体验。

3) 便民服务：通过大数据在城市智能交通中的不断应用，未来可以通过大数据平台打造涵盖主要道路、公交场站、轨道交通站点、高速路口、交通枢纽的综合交通信息平台，打破传统的信息不对称，实现各类交通信息的开放共享，利用平台化的 APP 技术，可以随时随地进行交通信息查询、发布与反馈。

4) 生态融合：通过大数据形成智能交通产业生态圈的跨界融合态势。大数据新技术的应用，满足了人们的出行需求，提高了出行效率及出行体验，未来将会出现旅客出行与公务商务、购物消费、休闲娱乐相互渗透的"交通移动空间"，提供的这些服务将加速交通产业生态圈的跨界融合，例如汽车制造业、汽车服务业、交通运营服务、互联网、信息服务和智能交通等行业的融合发展将是大趋势。

 知识拓展

基于交通大数据的智能信息服务平台

我国的智能交通事业发展较快，但随着城镇化进程的不断加快，与之而来的交通压力越来越大，采取一些行之有效的措施将大数据技术运用到智能交通中，可以缓解城市日益拥堵的交通状况。云码高速综合管控大数据如图 4-47 所示。

图 4-47 云码高速综合管控大数据

海量的交通数据资源分散在各个交通部门，无法共享，造成了数据资源的极大浪费。目前，基于交通大数据的智能信息服务平台已经研发成功，该系统对交通事故、交通违法行为等大量数据进行实时采集、分析、存储，对交通部门的事故应急响应、交通组织调度等决策提供科学技术支撑，并且各部门之间实现了交通数据的共享。基于交通大数据的智能信息服务平台包含通用性的服务组件、数据处理、云管理平台、运行维护管理、安全管理等系统应

用。对系统架构的模块进行分析：第一，通用组件服务。智能交通系统通用组件包含交通流量统计和模糊组件、车辆识别和报警、实时性的交通信息发布和诱导等。在确定好通用服务组件的基础上，可以根据服务对象的等级和需要来为其提供服务，并将客户所需要的信息服务封装为一定的形式提供给客户。第二，数据处理。智能交通系统包含数据采集系统、消息规整分析、实时控制系统、批量信息处理系统等。第三，云计算管理平台。云计算管理平台在云计算的支持下能够为交通运输管理提供必要的资源服务。第四，运行维护管理。智能交通系统运行维护管理主要负责对整个系统运行进行监控和维护，并调动一切积极因素打造可靠的运行维护保障系统，不断提升整个智能交通系统平台的运行效率。

 实施与评价

请按照"任务工单13　认知大数据技术在智能交通系统的应用"要求完成本任务。

任务14　认知人工智能技术在智能交通系统的应用

 任务描述

本次任务主要学习人工智能技术在智能交通系统中的应用场景，目的是使学生了解人工智能技术的概念和发展历程，掌握人工智能技术在智能交通系统中的发展趋势。

 学习目标

知识目标
1. 了解人工智能技术的概念、发展历史、核心技术及对各领域的主要影响。
2. 了解将人工智能技术应用于智能交通系统的意义。
3. 了解人工智能技术在智能交通系统中的应用。
4. 了解人工智能技术在智能交通系统中的发展趋势。

素养目标
拓宽学生眼界，培养学生的创新能力。

 知识准备

一、人工智能技术简介

1. 人工智能的概念

人工智能（AI）是解释和模拟人类智能、智能行为及其规律的学科。研究人工智能的主要任务，是建立智能信息处理理论，进而设计可展现近似于人类智能行为的计算机系统。

2. 人工智能技术的发展历史

从 1956 年正式提出人工智能学科算起，60 多年来，人工智能取得长足的发展，已经成为一门广泛的交叉和前沿科学。总的说来，人工智能的目的就是让计算机这台机器能够像人一样思考。如果希望做出一台能够思考的机器，那就必须知道什么是思考，更进一步讲就是什么是智慧。什么样的机器才是智慧的呢？人类已经做出了汽车、火车、飞机、收音机等，它们有的能模仿我们身体器官的功能，但是能不能模仿人类大脑的功能呢？到目前为止，我们对大脑知之甚少，模仿大脑就更困难了。

当计算机出现后，人类开始真正有了一个可以模拟人类思维的工具。如今人工智能已经不再是几个科学家的专利了，全世界几乎所有大学的计算机系都有人在研究这门学科，学习计算机的大学生也必须学习这样一门课程。在一些地方计算机帮助人进行原来只属于人类的工作，计算机以它的高速和准确为人类发挥着它的作用。人工智能始终是计算机科学的前沿学科，计算机编程语言和其他计算机软件都因为有了人工智能的进展而得以存在。

2017 年 3 月 5 日，第十二届全国人民代表大会第五次会议在北京人民大会堂开幕，国务院总理李克强作政府工作报告，指出加快新材料、新能源、人工智能、集成电路、生物制药、第五代移动通信等技术研发和转化。

3. 人工智能技术的核心技术

（1）计算机视觉技术　计算机视觉技术的很多功能都远超人类的视觉水平。比如，医学领域，运用建立在计算机视觉技术基础上的腾讯觅影，可以高效、准确地筛查出食道癌，用时短且准；媒体领域，运用计算机视觉技术，可节省接近一半的视频内容审核时间。当前，计算机视觉技术呈现出良好的应用效果，但这并不意味着计算机视觉技术就是完美的，其依然存在很多缺陷，亟待完善。例如，计算机视觉技术缺乏可用于人工智能模型训练的大规模数据集，在应用场景中没法进行数据标注，这就使得数据不能共享，同时也没有办法形成闭环。另外，该技术在工程化经验方面也有所欠缺，从技术到产品再到规模化应用，计算机视觉技术应用经验并不是很丰富。计算机视觉技能树如图 4-48 所示。

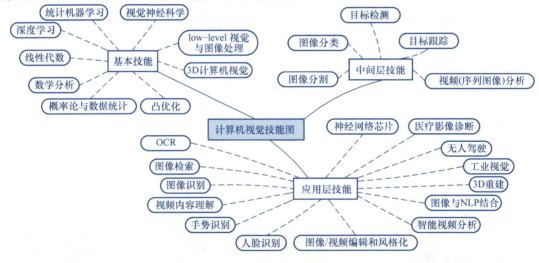

图 4-48　计算机视觉技能树

(2) 自然语言处理技术　我国人工智能领域的自然语言处理技术水平已经领先于世界。我国语言识别领头企业（如搜狗、百度、科大讯飞等）的语音识别率是97%左右，而谷歌、微软等国外语言识别领头企业的语音识别率则是95%左右。自然语言处理系统如图4-49所示。新时代，自然语言处理技术不仅要让人们听到声音和语言，更要确保人们能够听得懂语义。比如，当人们要求系统识别"饭店"这个词时，系统会非常直接清晰地进行识别，但是人们对系统说一些模糊语句，如自助餐、连锁店这类词语，则系统会借助自然语言处理技术对用户语言进行智能化分析，进而做出精准推荐。

目前，自然语言处理技术遇到的最大瓶颈便是语义识别，要想真正做到语义识别，人们还需要研究非常多的内容。如果这一板块被成功开发出来，那么其发展前景不可限量。

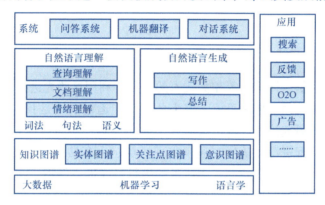

图4-49　自然语言处理系统

(3) 知识图谱技术　知识图谱这一概念最开始是由谷歌公司提出来的，其指的是语义网络的知识库。之前的智能系统是对每个个体进行分析和定义，而知识图谱则将不同的个体按照一定准则联系在一起，用图的形式呈现出来，个体与个体之间的关系会变得更加清晰，其与人们的思维模式匹配度也要更高一些。知识图谱技术链如图4-50所示。现阶段，知识图谱技术主要应用于互联网领域和商业领域，特别是商业领域，互联网公司将商业搜索引擎作为最重要的一项人工智能技术。另外，知识图谱技术也被应用在经济侦查领域，例如，在反洗钱或电信诈骗的侦查场景中，侦查人员会选用知识图谱技术来追踪银行卡与银行卡间的交易路径，通过跟踪交易轨迹，层层关联，得到更多可疑人员、账户、商户或卡号等信息。

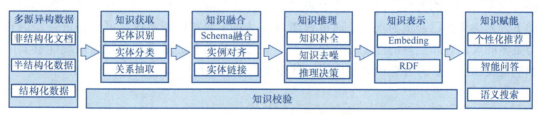

图4-50　知识图谱技术链

4. 人工智能技术对各领域的主要影响

1) 人工智能对自然科学的影响。在需要使用数学计算机工具解决问题的学科，AI带来的帮助不言而喻。更重要的是，AI反过来有助于人类最终认识自身智能的形成。

2）人工智能对经济的影响。专家系统更深入各行各业，带来巨大的宏观效益。AI 也促进了计算机工业网络工业的发展，但同时也带来了劳务就业问题。由于 AI 在科技和工程中的应用，能够代替人类进行各种技术工作和脑力劳动，会造成社会结构的剧烈变化。

3）人工智能对社会的影响。AI 也为人类文化生活提供了新的模式。现有的游戏将逐步发展为更高智能的交互式文化娱乐手段，今天，游戏中的人工智能应用已经深入到各大游戏制造商的开发中。

伴随着人工智能和智能机器人的发展，不得不讨论的是，人工智能本身就是超前研究，需要用未来的眼光开展现代的科研，因此很可能触及伦理底线。作为科学研究可能涉及的敏感问题，需要针对可能产生的冲突及早预防，而不是等到问题矛盾到了不可调和的时候才去想办法化解。

二、人工智能技术应用于智能交通系统的意义

随着人工智能、通信、计算机等相关技术的发展，利用这些先进技术改造传统城市公路，建立新一代城市公路运输系统成为可能。城市公路智能运输系统是我国城市公路系统的发展趋势，也是城市公路的研究热点。城市级的人工智能大脑，实时掌握着城市道路上通行车辆的轨迹信息，能合理调配资源、疏导交通，实现机场、火车站、汽车站、商圈的大规模交通联动调度，提升整个城市的运行效率，为居民的出行畅通提供保障。

近几十年来，交通问题已成为一种社会和经济上的问题：交通拥堵、道路安全恶化、移动性倒退和交通对环境的影响被广泛认为是重要的问题。过去的习惯是用更多更宽的道路来应对日益增加的拥堵，目前正在让位于更复杂的管理和控制系统以及道路定价政策。当出现交通拥堵等不良情况时，交通管理或控制系统应调用适当的干预行动。所需的系统应该是智能的，并且能够基于驱动动态数据进行动态操作，它将与现有的应用程序相互连接。一个集成的动态交通管理和信息系统（IDTMIS）的目标是开发一个包含所有与交通管理和交通控制相关的系统的框架，从而创建一个多用户、多学科的交通管理系统，将所有应用程序和参与交通运输的人集成在一起。这个项目的目的是了解自治和分布式的适用性。交通工程领域中的人工智能系统，提高智能系统在自动化方面的自主性是一个关键因素，其目的是减少对人类干预的需求；帮助人们参加其他更复杂的程序，并在决策过程中提供智能协助。这对交通控制特别有帮助，因为许多简单的要求必须在连续的基础上执行。在自动化和智能化系统的帮助下，人类干预已经成为现实。通过智能自治 Agent 或智能子系统，可以将进一步的自动化与更多的灵活性和更好的性能结合起来。一个完整的动态交通管理和控制系统能够实时适应和响应交通状况，并在整个系统内保持其完整性和稳定性。

三、人工智能技术在智能交通系统中的应用

城市化背景下，人们的出行更为便利，但各种交通问题更为严重，传统交通管理模式无法满足新时期的管理要求。信息化时代背景下，城市交通需向着智能化方向转变，积极引入先进的人工智能技术，针对目前的问题进行分析，从而有效解决交通问题。现阶段，人们关注人工智能技术发展，该技术在交通领域应用也是必然发展方向。

1. 高清视频监控系统

城市智能交通管理过程中利用高清视频系统（图 4-51），指的是利用互联网技术将智能计算机及摄像头连接，利用图像监测技术对各个区域的道路交通情况进行分析，便于交警掌握道路通行状态及信号灯情况，对信号灯进行智能化调整，从而缓解道路交通堵塞的问题。此外，智能交通系统在停车场及交通堵塞的道路上应用，有利于协助管理人员对停车资源进行管理，通过电子显示屏向驾驶人提供停车位导向等，避免驾驶人在停车过程中浪费大量的时间，从而提升车位管理的便捷性，也能一定程度上能降低汽车尾气排放及污染等问题，维持交通秩序。

就目前人工智能技术在交通领域的应用来看，其在车牌识别中的应用效果最为理想。据调查，车牌识别准确率很高，可是并没有如一些厂家宣传那般，可达 99%。下面以高速公路上探头拍下的车牌照片为例，分析人工智能技术在车牌自动识别中的具体应用。其原理是借助智能计算机来识别照片里面的数字。对于车牌号码识别来说，车牌照片就是输入对象，而车牌号码则是输出对象。其间需要将照片的清晰度设为权重，以图像比对算法作为感知器，得到的结果会是一个概率，比如，车牌号码某位有 80% 的概率偏向数字 5，要设置一个阈值，如果比这个值低，就认定得出的结果是无效的。一般会将一组识别好的车牌照片作为一组数据输入到模型中，经过无数次参数调整和甄别，模型最终挑选出正确率最高的一组参数组合，其即为车牌识别结果，车牌识别如图 4-52 所示。

车牌识别系统

图 4-51　高清视频系统进行车辆识别

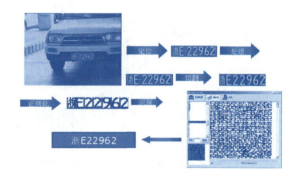

图 4-52　车牌识别

2. 智能交通警察应用

城市智慧交通管理过程中，智能交通警察具有重要的作用，有利于对道路路口进行管理。智能交通警察对实际情况进行监督，根据算法及辅助性技术，与交通信号灯系统完成配合，合理对信号灯进行调整。智能交通警察具有手臂智能等功能，并能告知行人应当遵守的交通规则，提升行人的安全意识，针对交通违规问题利用图像识别技术进行监测，最大限度减少交通警察工作量。智能交通警察如图 4-53 所示。

3. 自动驾驶汽车的应用

自动驾驶汽车即无人驾驶汽车，利用人工智能技术及计算机系统达到无人驾驶的目的，自动驾驶汽车如图 4-54 所示。自动驾驶汽车利用计算机视觉及定位技术等规划线路，在无人驾驶的情况下达到安全运行目的,半自动驾驶具有自动化功能,需要驾驶人完成对应的操作。全自动驾驶无须驾驶人操作。近几年,人工智能技术进入全新的阶段,自动驾驶汽车产量随之增加,部分互联网公司利用技术优势推出车联网相关的产品,深化自动驾驶领域的同时,对智能交通建设具有重要意义,也能最大限度地规避交通运输安全事故。

在自动驾驶技术中,处于技术领先位置的企业,国内有百度,国外有美国的特斯拉和谷歌等。特斯拉已实现 Autopilot 辅助驾驶

图 4-53　智能交通警察

技术,12 个超声波传感器分布在车身周围的 12 个不同的位置,能有效识别周围环境,减少盲点,雷达波可以穿越大雨、雾、灰尘,甚至前方车辆;谷歌的自动驾驶汽车具有 GPS、摄像头、雷达和激光传感器,可以以一个 360°的视角从周围环境中获取信息;百度自 2013 年启动自动驾驶项目以来截至 2022 年第一季度,已成为全球最大自动驾驶服务商。

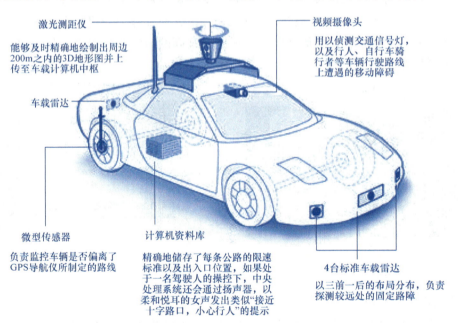

图 4-54　自动驾驶汽车

4. 智能地图的应用

伴随智能化地图在各个领域的广泛应用,车载系统与城市交通配合,可观察前方是否拥堵,为广大群众出行提供便利。部分智能化地图构建信息服务平台,包括腾讯地图、百度地图及高德地图,大数据技术在地图中的价值不断凸显,为群众节省时间及提供便捷的同时,也能降低城市交通运输的压力。GPS 车辆监控系统对车辆信息完成一体化监控。现阶段,GPS 在物流配送及私家车安全管理等各个方面得到应用,且能帮助交通警察定位车辆,打击

违规行驶问题，为车辆安全行驶及道路交通安全管理提供保障。智能地图导航如图4-55所示。

5. 车辆控制中的应用

现阶段，人工智能技术在城市交通系统中的应用非常广泛，在实际应用过程中涉及较多的层面，比如在车辆控制方面。交通系统对车辆管理的要求增高，需要汽车制造商生产高质量汽车的同时关注车辆的先进性及智能性，满足消费者需求。人工智能技术在

图4-55　智能地图导航

车辆管理过程中，主要是自动控制车辆及管理车辆，汽车系统不断优化升级，尤其是在汽车稳定性及防振、制动上应当引起注意。根据相关调查显示，汽车控制过程中主要是利用遗传算法，该技术不仅能降低汽车在运行过程中产生的消耗，也能保证汽车运行的稳定性。随着自动驾驶技术高速发展，人工智能技术在车辆控制过程中主要使用两种技术，分别为人工神经网络及模糊逻辑技术。众多先进技术的应用保证汽车安全性的同时，也能为汽车行业发展提供帮助。

6. 道路及事故预测中的应用

车辆在运行过程中，人们主要关注行驶安全，道路安全管理系统是智能交通的一部分，对保障人们出行安全具有重大的影响。城市汽车数量在不断增加的同时，事故发生率随之增加，引发交通事故的因素较为复杂，比如交通情况及环境情况、驾驶人情况，若想保证车辆稳定运行，还需将重点放在事故预测上，对车辆行驶状态进行监督，提出相关的管理策略，尽量规避交通事故。道路安全事故预测过程中，需要使用多样化人工智能技术，其中主要有模糊逻辑技术及人工神经网络、遗传算法。研究人员对道路交通事故预测系统展开进一步分析，并提出不同的研究理论，侧面促进了人工智能技术在道路交通事故预测的应用进展，但研究方法存在差异，均应当以人工智能技术为基础，从而对道路安全及事故进行预测，保障人们出行的安全。

四、人工智能技术在城市智能交通中的发展趋势

立足目前的城市智能交通发展情况，应思考未来的智能交通发展趋势，为城市智能交通系统发展奠定基础。

1. 交通管理的发展趋势

随着人工智能技术在城市智能交通中的应用范围不断拓展，以人工智能技术为核心的信息技术产业被构建起来，从根本上对人们的生活产生了影响，使人们的生活环境发生了变革。在此基础上，城市交通运输行业也在发生转变，还需使用更为先进的技术对交通进行管理，使城市智能交通系统不断完善，从而进一步推动城市交通行业发展进程。在智能技术不断创新的背景下，城市智能交通管理向着多元化方向发展，比如，不同地区能实现资源共享。城

市交通四通八达，利用人工智能技术改变时间及空间上的限制，无须人力长期监测，有利于在技术的导向下为出行服务提供精准化管理。交通运输行业在发展过程中，系统处于不断更新阶段，为出行及车辆管理等提供便利，公众在信息平台中可以获得准确的信息。

2. 智能交通个性化管理

城市交通在发展过程中，逐渐融入各种先进的技术，通过技术能改善人力管理的不足，实时对交通情况进行监管。在未来的城市交通发展过程中，会融入更多的先进技术，并设置不同的管理目标。比如，在城市交通管理过程中应当关注信息采集范围拓展，通过超广角的技术获得更为丰富的信息，厘清责任，避免发生错误评判的情况，根据城市交通实际情况，还需制订满足城市交通发展的方案。城市智慧交通管理业务不断拓展，业务系统也要不断进行升级，从而满足城市发展的实际要求，城市交通运输票据逐渐朝向电子化方向进展，比如，交通信息查询服务朝向大众化发展。对此，在城市交通发展过程中，针对智能技术的发展情况，需思考智能化交通的方向，达成城市交通智能管理的各项目标。

3. 人工智能技术在智能交通中的应用

人工智能技术朝向先进化方向进展，为人们生活提供巨大的便利，人工智能技术在城市交通领域应用，构建起先进的交通网络，便于人们出行，保证交通运输的针对性。未来的智能城市在发展过程中，人工智能技术在汽车中应用，可以实现自动驾驶，人们在出行时会更加轻松，感受到旅行或者驾车的乐趣，进一步提升人们的生活质量，并实现城市交通的透明化管理。人工智能技术对交通数据进行储存及管理，对安全问题进行预测及分析，通过这种方式便于交通部门对实际情况进行调控。

4. AR 实景指挥

城市交通运输量不断增加，通过智能技术对交通情况进行预测及分析，便于交通管理部门根据实际情况指挥交通，通过 AR 实景指挥作战系统能使指挥交通管理工作更为深入，该系统将城市交通网络规划成一张实景地图，完成运输管理的实景化及高效化，能对交通情况进行有效调度，达到城市智慧交通的高效管理目标。现阶段，AR 技术已经在城市交通系统应用，该技术的应用为城市智能交通系统完善及进展提供了全新的路径。

2022 北京冬奥会之 L4 级别自动驾驶

自动驾驶是一种科技感十足的交通方式，在北京 2022 年冬奥会期间，首钢园区迎来自动驾驶车辆的正式运行。然而作为"智慧冬奥"的现实场景，在人流密集、车流穿梭的园区真正实现自动驾驶并非易事。

安全是影响自动驾驶技术发展和推广最重要的因素。北京 2022 年科技冬奥项目中，在首钢园区采取了多种技术验证 L4 级别自动驾驶的安全问题。要实现自动驾驶，最重要的指标就是时延。车辆高速运行，必须快速做出对态势的感知与决策。本项目实现了车端和云端的数据交互，但基于数据交互进行决策，要求交互时间必须足够短，所以用到了 5G 关键技术——低时延。基于5G，可以实现10ms以下车端和云端的交互，低时延能够使车辆快速做出反应，保证车辆安全。在自动驾驶状态下，路面上多个车辆间的交互如果通过5G基站转发，必然会增大时延，所以又用到另外一个关键技术——5G的C-V2X（蜂窝车联网通信）车联网技术。在每辆车上，都安装了一个小盒子，基于这个小盒子，可以直接进行信息交互。通过这种方式，车辆间进行前后车定位和交互时，信息传递最高效，安全也能得到保证。此外，中国联通研发了一套5G智能车联网系统（一套平台、两套网络），可以支持4种以上车辆在冬奥场景下实现10种示范场景。一套平台是智能车联网的综合业务管理平台，可以把智能车联网相关的设备、车辆协同起来，共同支撑智能车联网业务。平台共包括三个模块：智能驾驶模块、人车路协同模块和高精度定位模块。两套网络，一套是5G+C-V2X的车联网通信网络，另一套是5G+北斗的高精度定位网络。通过一套平台、两套网络，可以支撑小汽车、客车、物流车、零售车进行无人接驳、无人配送、无人零售等业务。虽然L4级别的自动驾驶目前在全球属于比较前瞻性的领域，但是在封闭道路或者半封闭园区开展自动驾驶是相对成熟的。为了确保冬奥应用安全可靠，项目组已经在首钢园区开展一年多实际道路测试，积累了丰富的实际运营数据。2022年北京冬奥会的筹办过程，为中国冰雪运动发展提供了巨大动力。科技创新，成为中国冰雪运动前进道路上嘹亮的号角。

请按照"任务工单14　认知人工智能技术在智能交通系统的应用"要求完成本任务。

任务15　认知5G移动通信技术的概念与特征

本次任务要求了解5G移动通信技术的基本概念、特征、对智能交通发展的深远影响，并掌握运用现代信息技术将抽象知识形象化、碎片化的技能，以加深对新知识的学习领会。

知识目标
1. 了解5G移动通信技术的概念、特征与业务类型。
2. 了解5G移动通信技术与智能交通系统的关联。
3. 了解5G移动通信技术如何赋能轨道交通运输。
4. 了解5G移动通信技术如何赋能公路交通运输。

素养目标
培养学生发现问题、解决问题的能力。

 知识准备

一、5G 移动通信的概念、特征与业务类型

1. 5G 移动通信的概念

5G 是第五代移动通信系统（5th Generation Mobile/Wireless/Cellular System）的简称，是 4G（LTE/WiMax）之后的新一代移动蜂窝通信系统。在带宽、时延、频谱效率、连接数量等主要性能指标方面相较于 4G LTE 网络都有了较大提升，从而能够更好地满足行业用户差异化场景下对于移动网络性能的要求。

生活中，5G 通信技术与 4G 通信技术的最本质的区别在于：5G 的网络极大地增强了用户接入移动网络的能力，且网络的使用已经不再局限在手机上，一切智能设备如智能穿戴设备、智能家庭设备等都可以连接至 5G 网络，极大地扩充了用户设备的类型和数量，将网络便利提供给更多行业的设备和仪器。

5G 移动通信由标志性能力指标和一组关键技术来定义。

5G 网络的主要性能指标：

1）数据传输速率不低于 1GB/s，在此速度下，下载一部 8K 画质的电影只需要几秒钟时间，超高的下行速度为人们生活、办公和娱乐提供了便利。

2）通信容量极高，每平方公里内的连接数可以大于一百万个，从而为万物互联提供了技术支持。

3）延迟响应时间极短，4G 网络的网络延迟时间约为 50ms，而 5G 网络的延迟时间将低于 1ms，从而为自动驾驶、自动化工厂等需要保证高精度的项目提供了网络安全保障。

4）可支持 500km/h 以上的移动速度，从而保证信号的稳定传输。

5G 网络的一组关键技术，主要包括微基站、毫米波、波束赋形、大规模天线阵列。

（1）微基站 5G 的普及带来了大量 5G 基站的建设，作为 5G 网络的核心设备，基站的架构、形态直接影响 5G 网络的布局效果，按形态大小和部署区域不同，基站主要分为宏基站和微基站。4G 时代，有 80% 的业务发生在室内。5G 时代，室内场景依然是移动数据业务的主力区域，因此，完善室内 5G 信号覆盖成为 5G 网络建设的重中之重。

5G 微基站的主要功能之一就是"补盲"，5G 微基站体积小，布设简单，可以充分部署在宏基站无法触及的末梢，深度覆盖人口热点区域，有效解决室内 5G 信号盲点。微基站，顾名思义就是基站很小，小到手掌大小。微基站的好处主要是方便安放，可以把它想象成桥接路由器或者信号增强器，哪里需要就安装在哪里。5G 微基站不同场景的安装情形如图 4-56 所示。

（2）毫米波 无线通信通过电磁波进行传输，电磁波是由同相振荡且互相垂直的电场与磁场在空间中以波的形式移动，其传播方向垂直于电场与磁场构成的平面，有效地传递能量和动量。但不同频率的电磁波，功能和属性不同，其用途也不相同。

从 1G 到 4G 移动通信，所使用的电磁波频率越来越高，主要原因就是频率越高，频谱资

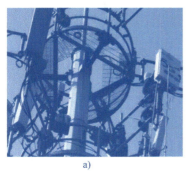  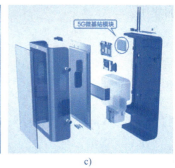

图 4-56 5G 微基站不同场景的安装情形

源就越多,所以传输速度也能越高。1G—4G 移动通信中采用的 300MHz～3GHz 频谱有穿透性好、覆盖范围大等优点,但是有一个很重要的缺点,就是频带宽度太窄了,这个频段内的无线设备太多了,频谱已经快分完了。为了大容量高速率数据传输,只有往 3GHz 以上寻找可用频谱。

根据国际电报电话咨询委员会(CCITT)划分建议,3GHz 电磁波频谱以上就是毫米波频段(3～300GHz)。毫米波频谱中存在两个特殊部分,氧气吸收频段(57～64GHz)和水蒸气吸收频段(164～200GHz),这两种频段不能用来通信,所以毫米波频段共有 252GHz 频带宽度可供使用。实际上,如图 4-57 左侧所示,划分给 5G 的毫米波频段宽度主要在 3～6GHz,称为 5G 主频段。在各国毫米波频谱划分里,这已经足够把数据传输速率提升 10 倍左右了。

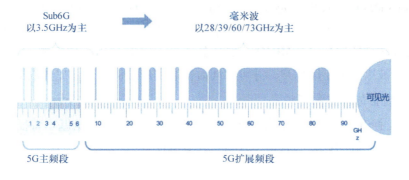

图 4-57 5G 频段划分

(3)波束赋形 4G 移动通信的基站天线是定向天线和全向天线混用,5G 中由于毫米波覆盖范围窄,路径损耗大,复杂天气影响严重,所以需要通过波束设计完成发射能量聚焦,从而提升接收信号能量,提升覆盖范围的信噪比。

波束赋形(Beam Forming,BF),就是对波束的形状进行构造。简而言之,波束赋形是一种构造天线辐射方向图的技术,目的是使波束赋形后形成具有明确指向的方向性波束。图 4-58a 的 2G/3G/4G 基站辐射方向图显示,电磁波均以基站天线为对称中心,向周围做圆状对称辐射。而在图 4-58b 中,5G 基站天线朝向指定一侧狭窄的扇面辐射。在图 4-59 中,通过示意表明了 2G/3G/4G 波形与 5G 波束在对多个基站覆盖范围内的用户覆盖的波形对比,从对比中可以清楚看到,5G 波束可显著提升基站覆盖指向性,且在指向的范围内基站能量会更加集中。

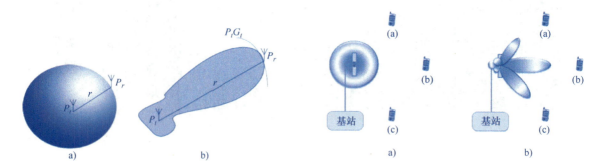

图 4-58　2G/3G/4G 与 5G 基站辐射方向
a) 2G/3G/4G 基站辐射方向　b) 5G 基站辐射方向

图 4-59　2G/3G/4G 波形与 5G 波束示意
a) 2G/3G/4G 波形　b) 5G 波束

(4) 大规模天线阵列　大规模天线阵列(Massive MIMO)属于一种"空间多路复用"技术,通常使用多个发信天线和多个收信天线,对每个天线赋予权重,通过简单的线性预编码来提高空间分集或复用增益。

5G 移动通信中,在单天线发射功率不变的情况下,采用多天线发射相当于总的发射功率增加,从而增加覆盖范围,也使接收端通过多路信号的相干合并,获得平均信噪比的增加。在覆盖范围不变的情况下,增加天线数目可以降低天线发射功率,继而可以降低对设备功放的要求。Massive MIMO 不仅在大型宏基站得到应用,小型的毫米波发射器也有可能会装备 Massive MIMO 系统,因为毫米波天线波束窄,天线长度短,更适合 Massive MIMO 应用。

5G 移动通信中采用 Massive MIMO 的好处是能最大限度利用空域资源,可以通过波束赋形同时提供多个波束服务小区用户,并可以同时提高用户的信噪比,提升数据传输速率。

2. 5G 移动通信的基本特征

5G 移动通信拥有完全不同于传统移动通信的特点,5G 移动通信基本特征见表 4-6,它具有高速率、广覆盖、低功耗、低时延、万物互联等特征。

表 4-6　5G 移动通信基本特征

技术指标名称	技术指标含义	4G 要求	5G 要求	性能提升情况
用户体验速率	真实网络环境下,用户可获得的最低传输速率	0.01GB/s	0.1~1GB/s	10~100 倍
用户体峰值速率	单个用户可获得的最高传输速率	1GB/s	20GB/s	20 倍
移动性	获得指定的服务质量,收发双方间获得的最大相对移动速度	350km/h	500km/h	提升 30%
端到端时延	数据从源节点到目的节点的时间间隔	20~30ms	低至 1ms	数十倍
连接数密度	单位面积内的连接数量总和	10 万台设备/km²	100 万台设备/km²	10 倍

(续)

技术指标名称	技术指标含义	4G 要求	5G 要求	性能提升情况
能量效率	单位能量所能传输的比特数	1 倍	100 倍	100 倍
频谱效率	单位带宽数据的传输速率	1 倍	3 倍	3 倍
流量密度	单位面积内的总数量	(0.1~0.5TB/s)/km^2	(数十 TB/s)/km^2	数百倍

1）高速率。5G 网络相对 4G 网络速率提高，用户下载一部超清电影只需几秒钟。VR 需要 150MB/s 以上的宽带才能实现高清传输，VR 产业可借助 5G 实现突破。高速度还可支持远程医疗和远程教育等从概念转向实际应用，这些都是需要高速度网络作为基础。

2）广覆盖。因为在 3G 和 4G 时代，我们使用的是宏基站，功率大，体积大，不能密集部署，导致了距离近时信号强，距离远时信号弱。5G 时代将使用微基站，即小型基站，能覆盖末梢通信，使得任何角落都能连接网络信号。其包括两个层面：

① 广泛覆盖：指人类足迹延伸到的地方，都需要被覆盖，比如高山、峡谷等。

② 纵深覆盖：指人们的生活中已有网络部署，但需要进入更高品质的深度覆盖，比如信号不好的卫生间、地下车库等狭小深层等空间。

3）低功耗。主要采用两种技术手段来实现：

① 华为主导的 NB – IoT：基于蜂窝网络，通过 180kHz 就可接入 GSM 网络/UMTS 网络或 LTE 网络，部署成本降低，平滑升级。

② 美国高通等主导的 eMTC：基于 LTE 协议演进而来，为了适合物与物之间的通信；eMTC 基于蜂窝网络进行部署，其用户通过 1.4MHz 射频和基带宽带直接接入现有的 LTE 网络。

4）低时延。3G 网络时延约 100ms，4G 网络时延 20~80ms，5G 网络时延下降到 1~10ms。5G 对于时延的高要求是 1ms，或者更低。边缘计算技术将被用到 5G 的网络架构中。

5）万物互联。移动通信基于蜂窝通信，现一个基站只能连接 400~500 部手机。爱立信预测，人类未来会有 500 亿个连接，预测 2025 年，中国将有 100 亿个移动通信终端。接入的终端不再以手机为主，还会扩展到日常生活中的更多产品。例如：冰箱、空调、电线杆、垃圾桶等个人或者公共设施。

3. 5G 移动通信的主要业务类型

移动通信延续着每十年一代技术的发展规律，已历经 1G、2G、3G、4G 的发展。每一次代际跃迁，每一次技术进步，都极大地促进了产业升级和经济社会发展。从 1G 到 2G，实现了模拟通信到数字通信的过渡，移动通信走进了千家万户；从 2G 到 3G、4G，实现了语音业务到数据业务的转变，传输速率成百倍提升，促进了移动互联网应用的普及和繁荣。当前，移动网络已融入社会生活的方方面面，深刻改变了人们的沟通、交流乃至整个生活方式。4G 网络造就了繁荣的互联网经济，解决了人与人随时随地通信的问题，随着移动互联网快速发展，新服务、新业务不断涌现，移动数据业务流量爆炸式增长，4G 移动通信系统难以满足未来移动数据流量暴涨的需求，第五代移动通信（5G）系统便应运而生。

国际电信联盟（ITU）定义了 5G 应用的三大业务类型：增强型移动宽带（eMBB）、超高可靠与低时延通信（URLLC）、海量机器类通信（mMTC）。

（1）增强型移动宽带（Enhanced Mobile Broadband，eMBB） 增强型移动宽带有着更好的传输速率和移动性，不仅能提高现有通信业务的传输速率和用户体验，并且可进一步开拓新的应用领域，满足更高的业务通信需求。这种宽频应用情境可涵盖不同的传输范围，包括广域覆盖和热点传输。在广域覆盖的情况下，连续广覆盖以及较高的移动性是主要需求，对于数据传输速率也有着更高的需求。

热点应用，主要针对高用户密度的区域，其对于移动性的需求较低，但数据密度较大，对数据传输量的需求较大，因此热点应用的数据传输率比广域覆盖高。增强型移动宽频预期将传输速度再提升至下行 20Gbit/s、上行 10Gbit/s。

（2）超高可靠与低时延通信（Ultra-Reliable and Low Latency Communications，uRLLC） 此类应用对于数据传输速率、时延及可靠性有着严格的要求。例如智能电网配电自动化、工业自动化制造、生产过程的无线控制、远程医疗手术、运输安全、车路协同、无人驾驶等，需要高可靠性达到 99.999%，端到端时延小于 10ms。

（3）海量机器类通信（Massive Machine Type Communications，mMTC） 该应用的特征在于连接大量元件设备，约每平方公里内有 100 万个设备的机器间通信需求，其发送数据量较低且对于传输资料延迟有较低需求。此外，此元件设备须具有非常低的制造成本，且须有很长的电池寿命。

二、5G 与智能交通

1. 5G 与智能交通系统的关联

作为新一代移动通信技术，5G 为我们带来了更高的数据传输速率与更低的延迟，甚至比 4G 快了 100 倍。在满足移动超高清视频、AR/VR 等大流量应用的同时，更将开启万物互联、深度融合的发展新阶段。如果说 3G 提升了速度，4G 改变了生活，那么 5G 则在改变整个社会的活动方式。

交通运输是国民经济的基础性、先导性、战略性产业和重要服务性行业，在产业数字化、智能化的背景下，新型智慧交通业务不断涌现，智慧驾驶发展日新月异，智慧道路建设需求迫切。5G 同样对智能交通领域的发展起到了积极的促进作用，成为智能交通技术发展的有力支撑。在我国"交通强国""新基建"等远景规划中，"5G+智能交通"模式成为 5G 赋能智能交通的焦点。

2. 5G 移动通信助力轨道交通运营水平全面提升

综合分析来看，轨道交通内 5G 应用场景，主要包括 3D/超高清视频等大流量移动宽带业务、与运维相关的大规模物联网业务、全自动驾驶自动化业务等需要低时延、高可靠连接的场景，可具体划分为面向列车运行、面向运营维护、面向乘客出行，面向应急防灾等几大类。

（1）面向列车运行

1）窄带/宽带可视化语音通信：实现列车与地面之间的语音调度通信、广播通信等。

2）安全可靠的中低速数据：主要是列车运行控制系统数据、列车控制管理数据及紧急情况下的文本数据传输，对时延要求高，并且需要优先保障数据带宽，用于保障列车的安全运行。

3）超高清视频流：主要是列车上行视频监控图像及控制中心下行流媒体播放。

4）可视化行车环境 VR：列车运行轨道可视化和可控。

（2）面向运营维护

1）轨道交通内需要维护的设施很多，且分布在铁路沿线，点多面广，维护工作量巨大，可利用物联网技术采集各机电系统状态数据、工务系统状态数据。

2）数据通过 5G 网络接入回传给专业维护人员，能够让轨道交通由被动维护转为智能监管，提高整个轨道交通系统的维护效率并强化系统安全性。

（3）面向乘客出行

1）乘客智能出行是发展趋势，通过 5G 技术接入乘客可实现轨道交通网络购票，实时查询车辆到/发站信息、车站拥挤情况，定位轨道交通内商业网点等，为乘客出行提供参考，提高轨道交通的服务水平和舒适度。

2）国铁吉讯宣布，将联合中国移动共同探索"5G"上高铁通信运营新模式，这既是打造"智慧铁路"发展的重要一步，也是实现智能化服务发展的必要一步，借助"5G"之力，既可进一步优化自身服务质量，也可提升扩展服务空间，提高旅客出行体验。

3）5G 移动通信技术与高铁的融合，将成为改善高铁服务软实力的重要举措。纵观近些年铁路的发展，智能化的多种融合已成为推动铁路服务质量大幅提升的重要力量。如手机 APP 购票、刷脸进站、疫情进站扫码、高铁订餐以及电子客票等，"智能＋"从多角度为旅客带来全新的出行体验。

将 5G 边缘计算、网络切片等技术引入高铁，解决了高铁上经常出现的网络延迟与信号问题，旅客在旅途可畅享 5G 网络的极速体验，无论是刷抖音、看视频，还是玩游戏，网速都将比 4G 提升 10 倍左右，用户体验已经远远超越任何 PIS。5G 技术推动中国交通向"信息化、智能化"进一步前进，将给智能化轨道出行带来前所未有的体验。

（4）面向应急防灾　城市轨道交通列车发车密度高、客流量大，尤其是在全自动驾驶模式下一旦出现紧急状况，可以通过 5G 技术实现现场情况直播，提高应急防灾处理效率和决策针对性。

1）地铁站台站厅客流监控：为保障乘客人身安全，提升乘客乘车体验，避免造成客流大量积压导致交通瘫痪，地铁客运保障部门需要实时关注各地铁站站台、站厅、换乘通道等重点区域人群流量分布特征情况，通过对地铁站内全区域的人群热力图，可以直观地展现各区域的人群流量分布情况，为地铁运营中的安保及乘客疏导工作提供决策支撑。

2）地铁站内换乘客流分析：地铁换乘站一般是地铁线路中乘客最密集，人流量最大的站点，可针对地铁换乘站的换乘客流进行统计分析，如可根据由 A 线换乘到 B 线人数作为依据参考，通过调整发车频次、增加运力等手段避免造成客流大量积压导致交通瘫痪，起到疏散导流作用。

3）地铁进出站客流监控：上下班高峰期或商业、景点等沿线地铁站，进出站的人数较多，地铁客运保障部门需要实时关注进出站的客流量，如果发现客流量异常等突发情况，应及时采取应急预案，通过对地铁进出站进行实时客流统计，客运保障部门可以及时掌握进出站客流信息，并可根据客流增长趋势提前预警，指导地铁线路的运力评估及高效运营。

3. 5G移动通信给公路交通运营带来的变化

5G在智慧高速的应用

目前，国道、省道公路沿线主要覆盖运营商的3G/4G无线网络，在不同场景的数字化建设过程中，需要5G网络、车联网、物联网等通信技术进行数据传输。5G已经成为支撑经济社会数字化、网络化、智能化转型的关键新型基础设施。从实际情况看，交通运输在运行质量和运营效率、服务区建设管理、出入匝道控制与管理等方面的信息化、智能化还有很大的提升空间。

5G移动通信与传统高速公路具有"天然姻缘"，都具有移动性、快速性、双向性，二者都是推动经济社会发展的重要基础设施。中国移动各省级公司正在加强与高速公路建设单位的工作协同，共同加快高速公路5G网络的全覆盖，让5G更多地赋能智慧高速公路。不少省份正在加快5G智慧高速公路试验区和试验段建设，如京台高速泰安至枣庄段改扩建高速公路示范试点、北京市房山区开展的5G自动驾驶开放测试示范区建设、浙江省杭绍甬智慧高速公路、湖北省鄂州机场智慧高速公路一期工程、湖南省长益智慧高速公路扩容项目等。上述试点建设可以有效推动智慧高速公路在建设、管理、养护、运营与管理方面的综合应用探索。

（1）构建智慧高效高速公路运营体系　当前，不少高速公路运营体系仍然是传统的运营模式。遇到节假日或者交通事故等情况，高速公路很容易发生拥堵，无法运用先进的信息感知技术进行交通拥堵状态的识别和预警，无法通过交通大脑进行预判分析，无法实施科学智慧的精准调度。中国移动正利用5G切片以及边缘计算，实现数据快速高效交互。依托5G网络、北斗高精定位网络、车路协同网络三网合一技术，搭建"要素全量感知""业务高度协作""车路深度协同""安全主动防控""路网高效营运""公众精准服务"的智慧高速运营体系，构建"运－管－养－用"多层次智能化应用体系。

（2）提升5G智慧高速公路运行质量　从实际情况看，高速公路在运行质量和运营效率、服务区建设管理、出入匝道控制与管理等方面的信息化、智能化还有很大的提升空间。高速公路需要通过精准感知和融合计算，搭建"5G+人车路网协同"系统，全面提升道路安全及效率，实现智能安全预警服务和重点营运车辆主动安全服务；还可以通过搭建"5G+视频上云监控"系统，实现全天候实时动态智能监测，确保动态运行安全可控，特别是对于运输危险品车辆和城际运输客车；对于道路损坏、路面故障等情况，可以通过"5G+AI+高精度定位"技术，打造轻量化道路检测系统，实现数据高带宽传输、云边协同计算、道路病害高精度定位应用，提升高速公路综合检测效率，确保高速公路正常运行。

（3）实现真正的高速不停车收费　高速拥堵的原因有很多，其中高速收费就是造成拥堵的大源头之一。收费站收费方式变革是如箭在弦，其中就包括系统改造建设ETC车道和推进电子收费全覆盖工作。

电子收费全覆盖也可看作高速不停车、无障碍收费工作的基础。在专属的ETC车道上，相关平台系统将对行驶汽车进行精准实时定位，在进入自动计费路段，将自动结算行驶汽车高速路费信息，跨省收费也将纳入自动结算部分。而行驶汽车在接受电子收费信息后，车主将进行网站自主电子缴费，从而省去停车缴费这一过程。一旦高速无障碍收费工作进入正轨，高速公路将从抬杠到无杠过渡，不停车快速通行也将成为现实。

知识拓展

民族企业华为——5G 先行者、领导者

作为 5G 的领导者，华为率先推出了业界标杆 5G 多模芯片解决方案巴龙 5000，是全球首个提供端到端产品和解决方案的公司。

当前，千行百业正在拥抱 5G，华为模块化、全系列产品解决方案，为运营商构建了绿色、融合、极简的 5G 商用网络。

华为助力全球 170 多个国家和地区的 1500 多张运营商网络稳定运行。全球多家第三方机构进行的全球大城市 5G 网络体验测试结果显示，华为承建的多个运营商 5G 网络体验排名第一。

华为联合伙伴在超过 600 个场景落地和探索智能体应用，覆盖政府与公共事业、交通、工业、能源、金融、医疗、科研等行业。

华为帮助全球多家运营商在 LTE/5G 网络评测中全面领先；在 GlobalData 发布的报告中，华为 5G RAN 和 LTE RAN 综合竞争力均排名第一，蝉联"唯一领导者"桂冠。

华为全球终端连接数超过 10 亿，手机存量用户突破 7.3 亿。

5G 移动通信助推自动驾驶快速发展

在自动驾驶汽车变成主流之前，5G 可以为驾驶体验带来变化，它从路边基础设施及其他附近的汽车收集相关信息。如果汽车紧急制动，5G 连接可以将数据传送到汽车内置计算机，这样就能自动制动。为了防止事故发生，不需要人类干预，就可以用蜂窝 eCall 服务呼叫援助人员。

汽车驾驶人、自行车骑手、道路使用者会以匿名方式提供速度、位置、轨迹、本地大气数据，AI 系统将数据与其他道路、车辆数据融合，包括天气与表面状况、道路情况与拥堵信息，从而给道路使用者提供建议，包括路线和注意事项。为了保护隐私，所有道路使用者的数据都是匿名的，保密的。

5G 移动通信提升智能车路协同系统

这点是智能交通系统的最新发展方向。智能车路协同系统是基于无线通信、传感探测等技术进行车路信息获取，并通过车 – 车、车 – 路信息交互和共享，实现车辆和基础设施之间智能协同与配合，保证交通安全，提高通行效率，减少城市污染，从而形成的安全、高效和环保的道路交通系统。

智能车路协同系统的内涵有三点：一是强调人 – 车 – 路系统协同，二是强调区域大规模联网联控，三是强调利用多模式交通网络与信息交互。随着 5G 技术的到来，智能车路协同系统的最后一个环节将逐渐完善，并将加快促进道路网、传感网、控制网、能源网以及管理数据基础平台五网的融合，实现不同等级智能车辆在同一道路上的同时运行，从而达到车路协同。

5G 移动通信助力道路标识数字化智能化改造

近年来，中国公路加快数字化、智能化改造，道路的标示、规则将进行智能化改造。在未来，道路标示（如"前方道路施工，请减速慢行"）、红绿灯等将能根据路况来"自主"地协调控制车行、人行的通行时间。未来还将出现"虚拟红绿灯技术"，将行驶权和路权的判断交给每一辆十字路口附近行驶的汽车，让它们"集体投票"决定某一方向的某一辆车应该通行还是停下，并通过车载显示器或抬头显示技术，以红绿灯的形式提醒驾驶人。这意味着每辆车都装了一套红绿灯系统，根据红绿灯指示提醒汽车继续行驶或停止。

实施与评价

请按照"任务工单 15　认知 5G 移动通信技术的概念与特征"要求完成本任务。

项目 5

畅想未来交通出行

项目描述

明天的城市交通将是什么样的？为了能够正确地看清当前和未来的趋势，我们必须"冒险去穿越时空、探索未来"。如今，地铁网络不足以抵消交通堵塞、减少道路上发动机带来的噪声和污染。好消息是：未来的城市交通将会有很好的发展趋势和解决方案。

未来已来，你准备好了么？

任务 16　畅想未来交通的主导技术

任务描述

未来，以人工智能为基础的新型载运装备，以新一代感知、控制、传输技术为基础的出行管理智能系统将使人们的出行方式发生革命性的变化。本次任务主要学习未来交通的主导技术，包括：人工智能、大数据和云计算、"互联网+"交通、新一代交通控制网、新材料、虚拟仿真等。

知识目标

1. 了解人工智能、大数据、云计算。
2. 了解"互联网+"交通。
3. 了解新一代的交通控制网。
4. 了解新材料技术。
5. 了解 VR、AR 技术。

素养目标

培养学生的创新意识和创新能力。

知识准备

当前，现代信息技术、感知技术、人工智能及大数据等技术已经深深地融入交通运输的各个领域。未来，科学技术更将成为社会发展的主导，尤其是作为经济和社会发展的先行官——交通运输，更将成为技术大显身手的舞台。

一、人工智能技术

人工智能是计算机学科的一个分支，20世纪70年代以来被称为世界三大尖端技术之一（空间技术、能源技术、人工智能），也被认为是21世纪三大尖端技术（基因工程、纳米科学、人工智能）之一。

人工智能技术领域诸多技术的发展，如模式识别、自然语言处理、图像识别、人工神经网络计算、深度学习等，将为交通决策、灾害预报、交通安全、交通效率、交通人本化、交通运行智能化提供有力的工具，将推动智能交通系统向基于"数学模型+知识模型"的高级阶段发展。人工智能依托现代感知技术的进步，将推动交通系统进入完全感知的状态，实现运载工具的电动化、智能化感知和自动化驾驶，从而极大地提升交通系统运输的效率、安全性。

未来载运工具将实现智能联网联控，预计2050年，载运工具运行状态联网感知、网联互通以及协同管控、自动驾驶等关键技术，将成为支撑交通系统智能化、自动化运行的主导技术。未来，载运工具驾驶的安全性、经济性、环保性将得到充分满足，人们的出行变得非常轻松、舒适，可以随心所欲。

二、大数据、云计算技术

从技术的角度，大数据与云计算的关系就像一枚硬币的正反面一样密不可分。大数据涉及处理海量数据，而云计算则涉及基础架构。大数据无法用单台的计算机进行处理，必须采用分布式架构。大数据必须依托云计算的分布式处理、分布式数据库和云存储、虚拟化技术对海量数据进行分布式数据挖掘。

随着大数据、云计算的不断发展，系统将无一遗漏地收集交通运输各环节，每个载运工具、沿线环境、气象等各方面产生的数据，通过大数据、云计算的处理，将构筑起开放式的公共出行信息服务模式及架构，为个性化的移动定位及个性化出行服务奠定坚实的基础，可实现多种运输方式的一票式预订和移动支付。在大数据、云计算技术的支撑下，未来的交通运输系统，可以建立起科学的应用管理体系，实现系统间的互联互通和互操作，最大限度地发挥各种运输资源的优势，最大限度地减少浪费、消耗。有了这项技术，就可最大限度地解决当前城市及其他主干道交通拥堵的问题，实现最大限度的节能。

三、互联网与交通深度融合

交通的"互联网+"趋势已经成为未来交通领域的发展趋势。未来，交通系统的概念将与互联网合二为一，交通系统的概念和技术将被互联网重构。如果说大数据、云计算是新一代互联网的技术核心，那互联网将成为新的交通运输的"中枢"。新一代互联网将应用在载运工具控制、安全管理、运营服务以及个人出行的各个方面，人们生活中最基本的"衣食住行"，都已经和新一代互联网融为一体，不可分割。

通过分析、挖掘大数据信息，可以实现车、路、人之间的精准连接与整合，从而为人们提供更智能、精准和人性化的交通服务，优化人们的出行体验。同时，大数据技术的应用也增强了交通管理部门的信息收集、分析、整合能力，使他们能对车辆、道路等交通资源进行更优化的配置和更高效的利用，大大提高了交通管理能力，也增强了决策的科学性和效果。借助互联网大数据技术，交通领域无论是从管理还是服务层面，都将进入"线上合理分配资源、线下高效优质运行"的智能化、精准化和人性化状态，大大提高了交通管理和资源利用效率，也极大优化了人们的日常出行体验。

四、新一代交通控制网

新一代交通控制网是由道路基础设施、车辆和支撑运行与服务系统组成的一个边界开放的复杂系统，各单元、各部分、各子系统间可实时交换数据，系统、子系统和车载系统可以根据实时交通状态、气象条件、客流趋势进行各种调节（如控制策略、限制与诱导措施、运行方式、服务协调等），使交通运输系统处在依据实时数据的动态调整和寻优的过程中，并具有较高的可靠性、应变性和安全性，它可以实现路网承载能力和交通出行需求之间的平衡，实现对整体路网各层级交通流的调度或控制，最大限度地发挥路网使用功能和运输系统的服务功能。

在新一代控制网内，随着汽车产业的发展，具备互联功能的智能汽车、电动汽车和自动驾驶汽车的比例将逐步增加，并出现在城市快速路和高速公路上。在新一代控制网内，具备联网和智能控制功能的汽车将得到更安全、节油、便捷、舒心的服务，而没有联网的汽车也会在新一代控制网内提升行车效率。

新一代控制网支持各种交通服务的人性化和定制化，应变能力和可靠性高，支持具备车载控制功能的车辆实现控制环境下的自主运行，支持具备信息诱导的无人驾驶车辆高效运行，支持兼有轨道交通组织化程度高和道路交通灵活性高特点的双模式公交系统，还可以支持智能车辆在队列控制和自由行驶功能间自如切换。

新一代国家交通控制网（图5-1）描绘了未来通信、未来汽车、未来道路组成的新图景，其核心就是使未来的道路交通系统更加安全、更加人性化、更加绿色。

五、新材料技术

未来，新材料继续向绿色化、轻量化、智能化方向转型升级。高强度轻质合金、特种合金、碳纤维以及新型环保材料等技术将加速突破，引领航空航天、电力电子、新能源等产业深度变革。同时，随着智能制造的快速发展，新材料技术正加速向智能化方向发展，自修复材料、自适应材料、新型传感材料、3D打印材料等智能材料技术将大量涌现，为交通运输、国防军事以及航空航天等领域发展提供支撑。在交通领域，新型超导材料将使陆地载运工具

图 5-1 新一代国家交通控制网

实现非接触式的快速移动。未来公路交通载运工具也可能将实现类似轨道交通的悬浮式移动，节能环保、安全快速舒适地运行，将极大地改变当前的出行状态。图 5-2 所示为新型超导材料。

六、虚拟现实（VR）与增强现实（AR）技术

图 5-2 新型超导材料

虚拟现实（VR）技术是在互联网通信技术等信息技术飞速发展的基础上，将虚拟现实（VR）技术与仿真技术相结合的产物，是属于更高级的三维仿真技术。虚拟仿真技术的基本实现方式是通过使用计算机模拟虚拟环境从而给人以环境沉浸感和真实感。虚拟现实（VR）技术能够让用户充分地感受到自身置身在模拟的场景中，并伴随着模拟感受的影响而做出个人行为，用户也可通过对周围虚拟环境的变化感知，来进行动作并且与环境产生互相之间影响的操作结果。

增强现实（AR）技术，即将现实图像技术与实时计算摄影机影像位置及角度结合起来，在屏幕上将虚拟世界与真实世界"无缝"集成，把在现实世界里一定时间、空间范围内很难体验到的实体信息，通过仿真、叠加后，被人类感官所感知，从而达到超越现实的体验或应用。

虚拟现实（VR）与增强现实（AR）技术（图 5-3）综合了多媒体、三维建模、实时视频显示及控制、多传感器融合、实时跟踪及注册、场景融合等新技术与手段，形成了全新一代、具有实时互动功能的新技术。随着交通信息采集技术、传输技术、处理技术的进步，交通系统仿真技术逐步成熟，在城市交通建模、交通运输线网规划发展等方面具备广泛的应用前景。在与大数据技术结合后，3D 虚拟现实、增强现实等技术可以实现人机互动，为未来交通运输提供更低成本、更接近真实场景的研究成果，对未来交通运输建设和发展具有重要的指导意义。

图 5-3　虚拟现实（VR）与增强现实（AR）技术

实施与评价

请按照"任务工单 16　畅想未来交通的主导技术"要求完成本任务。

任务 17　畅想未来的交通面貌

任务描述

本次任务主要畅想未来交通在基础设施、载运工具、综合交通运输、交通运输组织与管理的主要面貌，目的是使学生脑海中初步形成未来智能交通面貌的大概轮廓。

学习目标

知识目标
1. 了解未来交通的基础设施。
2. 了解未来交通的载运工具特点。
3. 了解未来交通综合运输方式。

素养目标
培养学生的创新意识和创新能力。

知识准备

未来，信息化、智能化技术将覆盖交通运输的五大领域，使综合运输网络、城市公共交通、出行信息服务、智能化交通安全运行管理及电子支付呈现与现在完全不同的状态。在基础设施的形态，载运工具运行的样式、运行方式、速度，各交通方式的协调、运行管理等方面，都会有截然不同的样貌。

一、基础设施

预计到 2030 年，伴随着陆路基础设施建设的还有智能交通系统的设计、建设和改造。届时，基础设施将实现交通信息感知化、数字化，电动汽车充电、综合交通运输信息交互快速便捷，智能节电等。

1. 基础设施信息感知化

预计到 2030 年，综合交通运输基础设施，特别是陆路、水路和城市交通，将实现全网化的交通运行状态感知和信息互通，包括交通基础设施状态、交通事件监测、气象状态感知，实现交通运行状态研判和态势预测。"公铁水航"基础设施及城市交通的管理，由路段、航段控制逐步向跨区域、大范围网络协调及控制转变。

预计到 2050 年，城市交通以及"公铁水航"的基础设施将实现全网自动感知、自动研判、自动控制，除不可控力的影响外，基本不需要人工的干预，人们需要做的只是应急处理、系统规划设计等具有创新性的工作。基础信息感知监测图如图 5-4 所示。

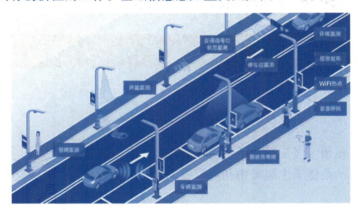

图 5-4　基础信息感知监测图

2. 基础设施数字化

基础设施数字化是新一代国家交通控制网和智慧公路试点工程的基础支撑之一，为各个业务系统提供数字化成果及高精度地图服务。运用北斗高精度定位、移动车载测量等新技术采集二维车道级高精度地图及实景影像地图，精心编制三维高精度实景地图，使路面设施及场景实现数字化及三维可视化，在结合北斗高精度定位一起使用时，可以实现车道级管理、车辆级管控。与传统的地图相比，三维高精度地图不仅能更直观地展示设备外观及位置，还能实时呈现设备的状态，达到可见即可控的效果，提升高速公路精细化管理水平。智慧公路数字化地图如图 5-5 所示。

3. 基础设施电动化、智能化

当前，高铁列车已经实现了全程电气化，基本实现了全网的"信息感知、能量传输、线网运行"的三网合一。作为陆路交通支撑性、基础性的公路交通，其载运工具电动化的趋势已经开始，未来基础设施充电设备将与这一发展趋势相适应。

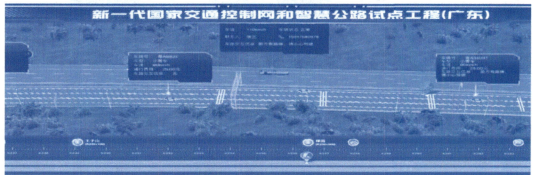

图 5-5 智慧公路数字化地图

预计到 2030 年，为适应智能交通管理与服务的需要，公路网将向全面监控的方向发展，公路交通运输载运工具的电动化必将到来，多种充电方式将获得并行发展。同时，加快交通网、信息网、能源网三网融合将推动充电基础设施建设运营和智能网联，形成"车桩兼容、信息共享、规范监控、方便支付"等功能的互联互通。预计到 2050 年，公路将逐渐安装大量传感器，用于自我监测，在路面出现坑洼之前发出求援信号。基于车联网系统与大数据分析集成起来的超速抓拍系统、监视系统、车流量统计系统等也将为交通管理者提供更多快速处理的解决途径。各类温度传感器将能使人们对恶劣天气进行更明确的应对。在驾驶过程中，驾驶人便可通过自动感知系统定位目的地的停车位，以减少泊车时间。总之，预计到 2050 年，全面实现陆路交通线网"交通、信息、能源"的融合，载运工具完全实现无线自动充电，全程实现与基础设施间信息的自动交换。智慧公路智能化建设图景如图 5-6 所示。

4. 基础设施的环保化

当前，交通运输，特别是公路交通运输，是综合交通运输中客货运量最大的运输方式，也是能耗最大的运输方式。未来，加快节电、节水，实现资源综合、可循环利用，是公路交通的必由之路。

预计到 2030 年，在资源可循环利用方面，推广可再生能源应用技术；加强建筑废弃材料、疏浚土、机制砂等的合理利用，实现土石方资源平衡。在智能节电技术方面，推广 LED 节能灯和供配电节能技术的应用；利用大数据、云计算技术，对陆路、水路沿线能耗情况进行监测和分析，为统筹调配电力资源提供数据支撑和决策依据。预计到 2050 年，全面实现陆路综合运输线网基础设施的"三网合一"，全面实现能源消耗监测、调控，大幅度降低运输基础设施电力的消耗水平。可再生能源应用如图 5-7 所示。

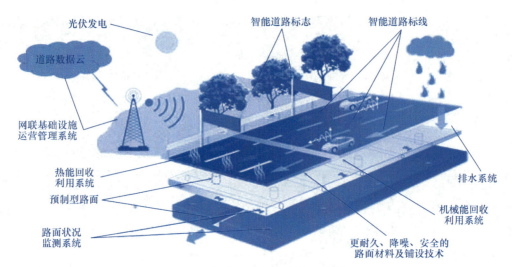

图 5-6　智慧公路智能化建设图景

二、载运工具

随着信息化技术的发展和信息化技术在载运工具上的推广应用，载运工具和装备操控的电动化、监控的信息化、充电无线化、驾驶自动化将是载运工具未来的形态。

1. 载运工具的电动化、智能化

预计到 2030 年，"四个交通"将加大先

图 5-7　可再生能源应用

进适用的低碳智能技术、产品的研发投入，大力推广智能化信息技术的应用，因地制宜地利用风能、水利能、太阳能等可再生能源，开展清洁燃料专用行动；在铁路交通中，大力提升电力机车的应用；在公路交通中，大力推广插电式电动汽车、气电混合动力汽车及纯电动汽车，积极示范应用氢燃料电池等新能源车辆。预计到 2050 年，载运工具将完全实现电动化、智能化，使用清洁、可再生能源，并实现实时的能源补给。

2. 载运工具的自动驾驶

预计到 2030 年，汽车的自动驾驶技术将趋于成熟，并开始量产自动驾驶汽车，特别是在城市交通车辆中得到应用。预计到 2050 年，公路交通的载运工具——汽车将完全实现自动驾驶。城市范围内的汽车完全实现"共享化"，公众可以方便、实时地全天候"约"车，实现个性化、低成本、高可靠性、高舒适性的定制出行。汽车自动驾驶如图 5-8 所示。

图 5-8　汽车自动驾驶

预计到 2050 年，车辆的形态已经与现在完全不同，车厢安全透明，使行车途中的乘客可

全身心地观赏沿途的风景；车辆与基础设施间的电能传送、信息传输，以及车辆的行经路线、起停行驶及驾驶驱动依赖于车辆底盘上的相应模块自动完成。国内、全球范围内的洲际旅行，将基本被现代化的新型导向式交通取代，民用航空将主要服务于星际旅行、外太空探险等。

三、综合交通运输

1. 运输结构优化

预计到2030年，综合交通运输将以能耗和排放水平为决定性因素，向绿色运输方向发展。在综合交通运输体系中，大力发展轨道交通和水运。构建铁路运输网，提升铁路电气化水平，适当减少航空和货车运输，大力提升管道货运能力，实现水、乙醇、丁醇、天然气、石油等流体以及煤炭的管道运输。在城市中，大力发展地铁、轻轨等轨道交通，增加自行车、人行道等慢行环保的公交设施，减少对私家车的依赖。

2. 运输方式协同

全面推进实施"互联网+"交通，发挥综合交通运输整体优势和组合效率。预计到2030年，车、船、轨道、航空之间实现协同，交通系统运行效率、安全及可持续发展基本实现，公路网的ETC技术、轨道交通网的按里程自动收费、路网联网运行与应急、载运工具的动态监管、公众的出行信息服务等更加完善，全面补齐西部铁路、内河水运的短板，实现各种运输方式合理分工、有效协作和一体化发展。

3. 运输方式无缝衔接

预计到2030年，基于移动APP等现代信息移动、付费技术，网约车、网租车等现代化的出行方式得到大力发展，以这种"准公共交通"来满足公众个性化出行的需求，在公路运输中通过市场的作用，逐步取消"私家车"。

预计到2050年，实现各运输方式运能的合理分配，各运输方式间信息实现互联互通。对出行者而言，综合交通运输体系是实现"无缝衔接"的、统一的交通运输网络；对客运而言，出行按地点、里程、时间、流量等实现自动分配、设计，在用户确认的基础上实现自动付费；对货运而言，基于大数据、云计算的成果自动分配货物的装运、选择载运方式、规划路径和收费等。交通运输的全程，不再需要人工介入。

请按照"任务工单17　畅想未来的交通面貌"要求完成本任务。

任务18　畅想未来出行

任务描述

本次任务主要畅想未来出行场景中各种可能的交通载具，了解各种载具具有哪些功能。

学习目标

知识目标
1. 想象未来的城市轨道可移动客舱。
2. 想象未来的地铁。
3. 想象未来的自动驾驶汽车。
4. 想象未来的物流运输机器人。
5. 想象未来的汽车充电无人机。
6. 想象未来的个人汽车。
7. 想象未来的自主飞行器。

素养目标
培养学生独立思考、敢于想象、勇于探索、积极创新的意识,充分提升学生的创造力和想象力。

知识准备

50年后交通出行会是什么样的呢?或许未来50年后,换车如换衣服;车和车可以约会;自动驾驶的可能不只是交通工具,人类无须去找停车位;碳基生命体与硅基生命体结合,每个人都是"汽车人";电动汽车代替房子变成人类的私人隐秘空间;依靠太阳能驱动的公共汽车,风驰电掣的磁悬浮铁路和超高速电梯等。

在不久的将来,自动驾驶技术、远程监控技术将逐渐成熟,新能源汽车迅速发展,未来的交通模式也必然会发生巨大的变化,许多现阶段所存在的交通问题和弊端,在未来将会得到解决。可以预见,为满足人们个性化出行需求,未来的智能共享出行,将提供更多不同交通出行方式的组合。那么新型的交通又会带来什么样的新的需求呢?适应未来的交通构想趋势又是怎么样的呢?或许我们可以从这些设计构想中找寻答案。

一、城市轨道可移动客舱

Rolla 是 New Deal Design 公司构想的未来城市可移动的客舱,能够在固定路线上行驶,专为相对较短的旅程而设计,告别人满为患的公共汽车或地铁。用户只需要在手机 APP 上预约并完成支付后,Rolla 便会来到你身边。Rolla 的内部设计是动态的,带有灯光管道,使车辆具有指定的颜色——公共交通为黄色,私人交通为紫色,固定私人路线(如校园内)为蓝色。内部配备了显示器,告诉你的路线和时间。城市轨道可移动客舱如图 5-9 所示。

图 5-9 城市轨道可移动客舱

二、未来地铁

在未来,地铁将变得更加智能和紧凑,设计的思路之一就是让人们在乘坐地铁的同时,行动力得到提升。这个概念是一种悬浮式自动地铁,它在不同的车厢里承载两种不同类型的乘客,更像是一列双层的现代列车。地铁通过一系列的支柱引导,这些支柱也是轨道。这些支柱从中心支撑着地铁,每根柱子上都有一个超级磁铁,将地铁吸引住。未来地铁设想分别如图5-10和图5-11所示。

图5-10 未来地铁设想1

三、自动驾驶汽车

在未来,自动驾驶势必成为一个新的社会趋势。自动驾驶意味着我们不需要紧绷精神去观察路况,强大的物联网系统能够有效地保障我们的交通安全,交通事故的发生率也将大幅度降低,用户唯一需要做的就是享受旅途。Clint概念车是一款通勤车,车内被设计成办公环境,每位乘客都有独立的上车口,通过调节椅子的旋转角度可以保持私密,也可以和其他乘客讨论或召开行会议,如图5-12所示。

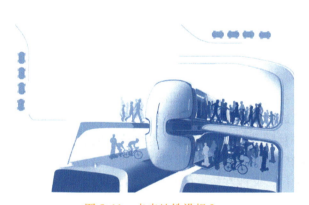

图5-11 未来地铁设想2

图5-12 Clint概念车

四、物流运输机器人

Micro-Palette展示了一种更贴近生活的服务方式,设计师意图为用户提供一个温暖的未来物流场景,用"心"将货品交付到用户手中。它在整个物流系统中,负责"最后一英里"的交付,旨在传达一种形象并提供一种贴近社会和人们的服务。物流机器人如图5-13所示。

五、汽车充电无人机

汽车充电无人机的设计将便携式充电提升到了一个新的水平,如图5-14所示。其订阅服务可通过应用程序访问，无论是在长途公路上，还是在市区的两个地点之间，用户都可以订购汽车充电无人机，以确保他们的车辆始终有足够的电量。

图 5-13　物流机器人

图 5-14　汽车充电无人机

六、Motus 个人汽车

Motus 是本田的一个混合动力个人汽车概念提案，如图 5-15 所示。它是自行车和滑板车的交叉，它具有滑板车的速度和自行车的敏捷性和易用性。它的灵感来自于固定齿轮自行车的驾驶风格，用户使用他们的身体来操纵这辆车。由于它可移动的单轮系统，相比于标准的车辆，它可以让用户到达难以到达的目的地。

七、自主飞行器

ARC FOX Viewion 是 ARC FOX 品牌下的一款自主飞行器，如图 5-16 所示。如今，各种性质的交通堵塞在世界各大城市都很常见。造成这些问题的部分原因是不同类型、不同功能的车辆在同一维度上共用同一条交通路线，并且随着汽车数量的快速增长，问题变得越来越严重。Viewion 自动飞行概念汽车是豪华的空中交通工具。它以几乎透明的车身为特点，这款宽敞的三座混合动力汽车既能在较低的高度飞行，又能在较高的高度为乘客提供绝佳的鸟瞰

图 5-15　个人汽车概念

图 5-16　自主飞行器

视野。纤细的太阳电池板在车辆顶部和悬架螺旋桨两侧。这款飞行器的内部也采用了非传统的设计，配备了两个环形座椅和可触摸的车窗，为乘客提供了终极的旅行体验。

在科幻小说家所创造的未来中，几乎包含了所有人类对高效通信、高速交通、太空探索以及生活便利的需求。我们现在使用的手机、平板、计算机、网络视频通话，也是当年科幻小说中的"奇思妙想"，现在都成为我们日常生活中司空见惯的产品。当前，人们对未来出行方式的种种设想甚至幻想，尽管有些天马行空，但是很可能，将在不久的将来都会得以实现。有一点是肯定的，未来，交通一定越来越便利，生活一定越来越美好。

 实施与评价

请按照"任务工单 18 畅想未来出行"要求完成本任务。

参 考 文 献

[1] 岑宴青. 物联网与新一代智能交通系统［M］. 北京：电子工业出版社，2021.
[2] 王晓原，孙锋，郭永青. 智能交通系统［M］. 西安：西安交通大学出版社，2018.
[3] 王云鹏，严新平. 智能交通技术概论［M］. 北京：清华大学出版社，2020.
[4] 于德新. 智能交通系统概论［M］. 北京：人民交通出版社股份有限公司，2020.
[5] 曲大义，陈秀锋，魏金丽，等. 智能交通系统及其技术应用［M］. 2 版. 北京：机械工业出版社，2017.
[6] 中国公路学会. 2049 年中国科技与社会愿景：智能交通与未来出行［M］. 北京：中国科学技术出版社，2020.
[7] 孟添. 智能交通系统理论体系与应用［M］. 上海：上海大学出版社，2018.
[8] 徐晓慧，于志青. 智能交通技术［M］. 北京：化学工业出版社，2019.
[9] 姜坤. 认识无人机［M］. 北京：化学工业出版社，2018.
[10] 陈裕芹. 无人机概论［M］. 北京：航空工业出版社，2020.
[11] 周竞赛，冯宇. 无人机概论［M］. 北京：清华大学出版社，2021.
[12] 杨宇，孔祥蕊. 无人机结构与操作［M］. 北京：化学工业出版社，2020.
[13] 谭政. 城市道路交通流预测及应用［D］. 广州：华南理工大学，2012.
[14] 武文杰. 城市道路交通安全状态监测指标体系构建［D］. 南京：东南大学，2017.
[15] 杜营营. 大型活动交通组织与管理方法研究［D］. 重庆：重庆交通大学，2012.
[16] 赵尊. 面向城市大型活动的不同场景下交通疏散决策优化方法研究［D］. 沈阳：东北大学，2014.
[17] 陈燕. 大数据技术在图像处理的应用［J］. 电子技术与软件工程，2018（5）：177.
[18] 万薇洁. 大数据在交通应用方面的研究［J］. 网络安全技术与应用，2018（7）：111－112.
[19] 邱锦山. 智能卡口系统的车牌识别技术研究［D］. 杭州：杭州电子科技大学，2016.
[20] 安静. 大数据技术在智慧城市建设中的应用［J］. 电子技术与软件工程，2018（8）：168.
[21] 张亦鼎，彭世喆. 基于车联网大数据的智能交通系统构建［J］. 综合运输，2018，40（11）：25－29.
[22] 刘滢. 基于大数据平台的智能交通系统架构及功能设计［J］. 综合运输，2018，40（9）：86－90.
[23] 赵新勇，李珊珊，夏晓敬. 大数据时代新技术在智能交通中的应用［J］. 交通运输研究，2017，3（3）：1－7.
[24] 赵国栋，易欢欢，糜万军，等. 大数据时代的历史机遇：产业变革与数据科学［M］，北京：清华大学出版社，2013.
[25] 赵一锦. 我国智能交通系统的发展研究［J］. 住宅与房地产，2019（6）：75.
[26] 钟锐. 高速公路交通安全风险评价方法研究［D］. 西安：长安大学，2014.
[27] 赵冉. 基于J2EE交通事故管理信息系统设计与实现［D］. 青岛：青岛大学，2018.
[28] 左任婧，陈君毅. 国内外智能网联汽车试验场的发展现状［J］. 北京汽车，2018（1）：7－11.
[29] 李克强，戴一凡，李升波等. 智能网联汽车（ICV）技术的发展现状及趋势［J］. 汽车安全与节能学报，2017，8（1）：1－14.
[30] 刘天洋，余卓平，熊璐，等. 智能网联汽车试验场发展现状与建设建议［J］. 汽车技术，2017（1）：7－11，32.
[31] 陈荆花，黄晓彬，李洁. 面向智能网联汽车的V2X通信技术探讨［J］. 电信技术，2016（5）：24－27.
[32] 郑淑鉴，杨敬锋. 国内外交通拥堵评价指标计算方法研究［J］. 公路与汽运，2014（1）：57－61.

[33] 罗铭. 交通需求管理及其在北京奥运交通中的应用研究［D］. 北京：北京工业大学，2004.
[34] 崔洪军. 大型活动交通组织管理关键技术研究［D］. 南京：东南大学，2006.
[35] 耿玲虹. 城市大型活动中交通需求及疏散研究［D］. 武汉：武汉理工大学，2009.
[36] 赵跃萍. 大型活动事件下的城市交通需求预测方法研究［D］. 武汉：武汉理工大学，2008.
[37] 陈建军. 大型活动期间的交通管理策略与评价研究［D］. 北京：北京交通大学，2007.
[38] 王殿海. 交通流理论［M］. 北京：人民交通出版社，2002.
[39] 李锐. 城市道路交叉口交通信号控制理论与实践［M］. 北京：冶金工业出版社，2015.
[40] 王正炎. 高速公路交通视频监控系统的设计与实现［D］. 成都：电子科技大学，2014.
[41] 张群. 大数据标准化现状及标准研制［J］. 信息技术与标准化，2015（7）：23-26.
[42] 韩晶，王健全. 大数据标准化现状及展望［J］. 信息通信技术，2014，8（6）：38-42.
[43] 吕登龙，朱诗兵. 大数据及其体系架构与关键技术综述［J］. 装备学院学报，2017，28（1）：86-96.
[44] 徐正，温剑锋，胡绍耀. 温州公安城域物联网建设与应用［J］. 警察技术，2018（1）：10-13.
[45] 黄玉兰. 物联网：射频识别（RFID）核心技术详解［M］. 北京：人民邮电出版社，2016.

智能交通系统概论任务工单

班　级：_____

姓　名：_____

学　号：_____

机械工业出版社

目 录

任务工单 1　认知智能交通系统的概念与特征 ……………………………………………… 1
任务工单 2　认知智能交通系统的发展历程 ……………………………………………… 3
任务工单 3　认知智能交通系统的发展趋势 ……………………………………………… 5
任务工单 4　认知出行者信息服务系统 …………………………………………………… 7
任务工单 5　认知智能公共交通系统 ……………………………………………………… 9
任务工单 6　认知交通地理信息系统 ……………………………………………………… 11
任务工单 7　认知智能车路协同系统 ……………………………………………………… 13
任务工单 8　认知智能交通管理系统 ……………………………………………………… 15
任务工单 9　认知高速公路智能管理系统 ………………………………………………… 17
任务工单 10　认知重庆市公交智能调度系统 …………………………………………… 19
任务工单 11　认知无人机在智能交通系统的应用 ……………………………………… 21
任务工单 12　认知物联网技术在智能交通系统的应用 ………………………………… 23
任务工单 13　认知大数据技术在智能交通系统的应用 ………………………………… 25
任务工单 14　认知人工智能技术在智能交通系统的应用 ……………………………… 27
任务工单 15　认知 5G 移动通信技术的概念与特征 …………………………………… 29
任务工单 16　畅想未来交通的主导技术 ………………………………………………… 31
任务工单 17　畅想未来的交通面貌 ……………………………………………………… 33
任务工单 18　畅想未来出行 ……………………………………………………………… 35

任务工单1　认知智能交通系统的概念与特征

学　　院		专　　业		姓　　名	
学　　号		小　　组		组长姓名	
指导教师		日　　期		成　　绩	

任务目标	1）能描述智能交通系统的概念、特征。 2）理解发展智能交通系统的必要性。 3）能描述智能交通系统的发展历史。 4）会收集分析智能交通系统相关信息并与同学和老师分享。
基本练习	1）名词解释：智能交通系统。 ＿＿＿＿＿＿＿＿＿＿＿＿＿＿＿＿＿＿＿＿＿＿＿＿＿＿＿＿＿＿＿＿＿＿ ＿＿＿＿＿＿＿＿＿＿＿＿＿＿＿＿＿＿＿＿＿＿＿＿＿＿＿＿＿＿＿＿＿＿ 2）（多项选择）智能交通系统的特征有（　　　）。 　A. 先进性　　B. 综合性　　C. 信息化　　D. 智能化 3）为什么要发展智能交通系统？ ＿＿＿＿＿＿＿＿＿＿＿＿＿＿＿＿＿＿＿＿＿＿＿＿＿＿＿＿＿＿＿＿＿＿ ＿＿＿＿＿＿＿＿＿＿＿＿＿＿＿＿＿＿＿＿＿＿＿＿＿＿＿＿＿＿＿＿＿＿ 4）智能交通系统是怎么诞生的？ ＿＿＿＿＿＿＿＿＿＿＿＿＿＿＿＿＿＿＿＿＿＿＿＿＿＿＿＿＿＿＿＿＿＿ ＿＿＿＿＿＿＿＿＿＿＿＿＿＿＿＿＿＿＿＿＿＿＿＿＿＿＿＿＿＿＿＿＿＿ 5）智能交通系统的研究内容是什么？ ＿＿＿＿＿＿＿＿＿＿＿＿＿＿＿＿＿＿＿＿＿＿＿＿＿＿＿＿＿＿＿＿＿＿ ＿＿＿＿＿＿＿＿＿＿＿＿＿＿＿＿＿＿＿＿＿＿＿＿＿＿＿＿＿＿＿＿＿＿ ＿＿＿＿＿＿＿＿＿＿＿＿＿＿＿＿＿＿＿＿＿＿＿＿＿＿＿＿＿＿＿＿＿＿
强化练习	1）请你收集一个生活中北斗卫星导航系统应用的案例，并与同学和老师分享。 ＿＿＿＿＿＿＿＿＿＿＿＿＿＿＿＿＿＿＿＿＿＿＿＿＿＿＿＿＿＿＿＿＿＿ ＿＿＿＿＿＿＿＿＿＿＿＿＿＿＿＿＿＿＿＿＿＿＿＿＿＿＿＿＿＿＿＿＿＿ 2）请你收集世界上几大卫星导航系统的应用并分析对比它们的优势。 ＿＿＿＿＿＿＿＿＿＿＿＿＿＿＿＿＿＿＿＿＿＿＿＿＿＿＿＿＿＿＿＿＿＿ ＿＿＿＿＿＿＿＿＿＿＿＿＿＿＿＿＿＿＿＿＿＿＿＿＿＿＿＿＿＿＿＿＿＿
质量检查	请指导教师检查本组作业结果，并针对问题提出改进措施及建议。 综合评价 建议

评价反馈	根据自己在课堂中的实际表现进行自我反思和自我评价。 自我反思：_____ 自我评价：_____			
评价考核	评价项目	评价标准	配分	得分
	理论知识学习	理论知识学习情况及课堂表现	20	
	素质能力	能从多角度发现问题、分析问题，并能解决问题	10	
	基本练习	掌握智能交通系统相关内容 作业内容完整、正确，书面字迹清晰	30	
	强化练习	具有资料收集能力 口头表达清晰，具有合作交流意识	30	
	质量检查	改进措施及建议完成情况	5	
	评价反馈	能对自身客观评价和发现问题	5	
	任务评价	□基本完成　□良好　□优秀	总得分	
	教师评语			

任务工单 2　认知智能交通系统的发展历程

学　　院		专　　业		姓　　名	
学　　号		小　　组		组长姓名	
指导教师		日　　期		成　　绩	
任务目标	\multicolumn{5}{l	}{1）能描述美国、欧盟、日本智能交通系统的发展历程。 2）能描述中国智能交通系统的发展历程和主要特色。 3）能对发展智能交通系统有自己的思考。}
基本练习	\multicolumn{5}{l	}{1）请简述美国智能交通技术的发展历程分为哪几个阶段，主要特点是什么？ 2）请绘制出美国 ITS 逻辑体系结构。 3）请绘制出欧盟智能交通系统研究领域示意图。 4）日本智能交通系统的发展主要包含哪些阶段？ 5）简述中国智能交通系统的特点。 }
强化练习	\multicolumn{5}{l	}{1）请收集中国智能交通系统发展现状的资料，并与老师和同学分享。 2）你对中国智能交通系统的发展有什么建议吗？ }

质量检查	请指导教师检查本组作业结果，并针对问题提出改进措施及建议。 | 综合评价 | | | 建议 | |
评价反馈	根据自己在课堂中的实际表现进行自我反思和自我评价。 自我反思：_____ 自我评价：_____

评价考核	评价项目	评价标准	配分	得分
	理论知识学习	理论知识学习情况及课堂表现	20	
	素质能力	能理性、客观地分析问题	10	
	基本练习	了解国内外智能交通系统的发展历程 作业内容完整、正确，书面字迹清晰	30	
	强化练习	具有收集整理资料和独立思考的能力 口头表达清晰，具有合作交流意识	30	
	质量检查	改进措施及建议完成情况	5	
	评价反馈	能对自身客观评价和发现问题	5	
	任务评价	□基本完成　□良好　□优秀	总得分	
	教师评语			

任务工单 3 认知智能交通系统的发展趋势

学　院		专　业		姓　名	
学　号		小　组		组长姓名	
指导教师		日　期		成　绩	

任务目标	1）能描述智能交通系统未来的发展趋势。 2）能对智能交通的发展有自己的理解。		
基本练习	1）智能交通系统未来的发展趋势有哪些？ _____ _____ 2）（多项选择）未来智能交通系统发展涉及以下哪些技术？（　　） 　A. 物联网　　B. 云计算　　C. 大数据　　D. 人工智能　　E. GIS-T 技术 3）（多项选择）根据《国家综合立体交通网规划纲要》，国家综合立体交通网主骨架布局主要有（　　）。 　A. 6 条主轴　　B. 7 条走廊　　C. 8 条通道		
强化练习	1）请想一想：未来的智能交通将对我们的生活带来哪些影响？ _____ _____ 2）你设想的未来智能交通应该优先发展什么技术，应该如何实现？ _____ _____		
质量检查	请指导教师检查本组作业结果，并针对问题提出改进措施及建议。 	综合评价	
---	---
建议				
评价反馈	根据自己在课堂中的实际表现进行自我反思和自我评价。 自我反思：_____ 自我评价：_____		

评价考核	评价项目	评价标准	配分	得分
	理论知识学习	理论知识学习情况及课堂表现	20	
	素质能力	能理性、客观地分析问题	10	
	基本练习	能清晰地认识智能交通系统未来的发展趋势 作业内容完整、正确,书面字迹清晰	30	
	强化练习	具有收集整理资料和独立思考的能力 口头表达清晰,具有合作交流意识	30	
	质量检查	改进措施及建议完成情况	5	
	评价反馈	能对自身客观评价和发现问题	5	
	任务评价	□基本完成 □良好 □优秀	总得分	
	教师评语			

任务工单 4 认知出行者信息服务系统

学　院		专　业		姓　名	
学　号		小　组		组长姓名	
指导教师		日　期		成　绩	

任务目标	1）能描述出行者信息服务系统的概念、系统构成。 2）能掌握出行者信息服务系统的服务内容、关键技术。 3）能利用出行者信息服务系统解决问题。
基本练习	1）名词解释：出行者信息服务系统。 2）（多项选择）出行者信息服务系统的构成有（　　）。 　A. 交通信息采集系统　　B. 交通信息传输系统 　C. 交通信息处理系统　　D. 交通信息发布系统 3）出行者信息服务系统的关键技术有哪些？ 4）试举两例出行者信息服务系统的应用领域。
强化练习	1）结合生活实际，谈谈自己出行中遇到的问题，为什么需要出行者信息服务系统？ 2）调研人们在出行中遇到的问题，尝试利用出行者信息服务系统如何解决这些问题并与老师和同学分享你的经验。
质量检查	请指导教师检查本组作业结果，并针对问题提出改进措施及建议。 | 综合评价 | | | 建议 | |

评价反馈	根据自己在课堂中的实际表现进行自我反思和自我评价。 自我反思：_____ 自我评价：_____			
评价考核	评价项目	评价标准	配分	得分
	理论知识学习	理论知识学习情况及课堂表现	20	
	素质能力	能以变化发展的思维方式分析问题	10	
	基本练习	掌握出行者信息服务系统相关内容 作业内容完整、正确，书面字迹清晰	30	
	强化练习	具有调研分析和独立思考的能力 口头表达清晰，具有合作交流意识	30	
	质量检查	改进措施及建议完成情况	5	
	评价反馈	能对自身客观评价和发现问题	5	
	任务评价	□基本完成　□良好　□优秀	总得分	
	教师评语			

任务工单 5　认知智能公共交通系统

学　　院		专　　业		姓　　名	
学　　号		小　　组		组长姓名	
指导教师		日　　期		成　　绩	
任务目标		1）能描述智能公共交通系统的概念、组成。 2）熟悉智能公共交通运营管理系统及其中的智能调度系统。 3）能掌握调度模式的实现及解决方案。
基本练习		1）名词解释：智能公共交通系统。 2）（多项选择）智能公共交通系统的组成有（　　）。 　A. 智能公共交通运营管理系统 　B. 智能公共交通运输安全系统 　C. 智能公共交通信息服务系统 3）智能调度系统的组成是什么？
强化练习		1）对比新旧调度模式，从制订计划、执行计划、盘点考核三个方面，阐述新调度模式和原调度模式有哪些不同？ 2）收集资料，谈谈调度模式的实现及解决方案有哪些？
质量检查		请指导教师检查本组作业结果，并针对问题提出改进措施及建议。 综合评价 建议

评价反馈	根据自己在课堂中的实际表现进行自我反思和自我评价。 自我反思：_____ 自我评价：_____			
评价考核	评价项目	评价标准	配分	得分
	理论知识学习	理论知识学习情况及课堂表现	20	
	素质能力	具有分析问题的能力	10	
	基本练习	掌握智能公共交通系统相关内容 作业内容完整、正确，书面字迹清晰	30	
	强化练习	口头表达清晰，具有合作交流意识	30	
	质量检查	改进措施及建议完成情况	5	
	评价反馈	能对自身客观评价和发现问题	5	
	任务评价	□基本完成　□良好　□优秀	总得分	
	教师评语			

任务工单 6　认知交通地理信息系统

学　院		专　业		姓　名	
学　号		小　组		组长姓名	
指导教师		日　期		成　绩	

任务目标	1）能描述交通地理信息系统的概念与国内外发展现状。 2）能描述交通地理信息系统的功能。 3）了解基于 GIS–T 的城市交通网络。 4）了解基于 GIS–T 的道路交通事故应急救援系统。
基本练习	1）名词解释：交通地理信息系统。 _____ _____ 2）（多项选择）交通地理信息系统的结构有（　　）。 A. 数据库治理系统　　　B. 数据协同 C. 实时 GIS–T　　　　　D. 庞大的数据集 3）交通地理信息系统的功能有哪些？ _____ _____ _____
强化练习	1）结合生活实际并查找资料，谈谈基于 GIS–T 的道路交通事故应急救援系统在生活中起到的作用。 _____ _____ 2）绘制城市区域交通网络构建流程图。
质量检查	请指导教师检查本组作业结果，并针对问题提出改进措施及建议。 | 综合评价 | | | 建议 | |

评价反馈	根据自己在课堂中的实际表现进行自我反思和自我评价。 自我反思：_____ 自我评价：_____			
评价考核	评价项目	评价标准	配分	得分
	理论知识学习	理论知识学习情况及课堂表现	20	
	素质能力	具有分析问题的能力	10	
	基本练习	掌握交通地理信息系统相关内容 作业内容完整、正确，书面字迹清晰	30	
	强化练习	具有资料收集和独立思考的能力 口头表达清晰，具有合作交流意识	30	
	质量检查	改进措施及建议完成情况	5	
	评价反馈	能对自身客观评价和发现问题	5	
	任务评价	□基本完成　□良好　□优秀	总得分	
	教师评语			

任务工单 7　认知智能车路协同系统

学　　院		专　　业		姓　　名	
学　　号		小　　组		组长姓名	
指导教师		日　　期		成　　绩	

任务目标	1）能描述智能车路协同系统的概念、主要特征以及国内外发展现状。 2）能描述智能车路协同系统的结构。 3）能描述智能车路协同系统的关键技术。
基本练习	1）名词解释：智能车路协同系统。 2）（多项选择）车路系统协同的主要特征是（　　）。 　　A. 交通主体的信息化和智能化　　B. 海量信息的简明化和精确化 　　C. 用户参与的主动化和协同化　　D. 服务功能的柔性化和绿色化 3）查阅相关资料，请同学们收集智能车路协同系统国内外发展现状，并与同学和老师分享。 4）谈谈智能车路协同系统的关键技术有哪些？
强化练习	1）试举两例智能车路协同系统的典型应用场景。 2）试结合生活实际并查找资料，与同学分享智能车路协同系统的应用现状与发展趋势。
质量检查	请指导教师检查本组作业结果，并针对问题提出改进措施及建议。 综合评价 建议

评价反馈	根据自己在课堂中的实际表现进行自我反思和自我评价。 自我反思：_____ 自我评价：_____			
评价考核	评价项目	评价标准	配分	得分
	理论知识学习	理论知识学习情况及课堂表现	20	
	素质能力	具有分析问题的能力	10	
	基本练习	掌握智能车路协同系统相关内容 作业内容完整、正确，书面字迹清晰	30	
	强化练习	具有资料收集和独立思考的能力 口头表达清晰，具有合作交流意识	30	
	质量检查	改进措施及建议完成情况	5	
	评价反馈	能对自身客观评价和发现问题	5	
	任务评价	□基本完成　□良好　□优秀	总得分	
	教师评语			

任务工单 8 认知智能交通管理系统

学　　院		专　　业		姓　　名	
学　　号		小　　组		组长姓名	
指导教师		日　　期		成　　绩	

任务目标	1）能描述智能交通管理系统的概念。 2）能掌握智能交通管理系统的应用。 3）能描述智能交通监控系统的组成。 4）能描述智能交通信号控制系统的分类。
基本练习	1）名词解释：智能交通管理系统。 2）（多选题）目前，电子警察系统可完成哪些工作？（　　） A. 闯红灯抓拍　　B. 超速抓拍　　C. 违章换道抓拍 D. 违停抓拍　　E. 区间测速抓拍 3）常见的智能交通信息采集技术有哪些？ 4）（连一连）请将下面各设备与分属的智能交通监控系统子系统相连。 视频摄像头　　　　　　　　　　　　　　信息采集子系统 抓拍摄像机 环形线圈车辆检测器　　　　　　　　　　交通监控中心 交警队的计算机 违章车主收取信息的手机　　　　　　　　信息发布子系统 APP：交管12123
强化练习	1）结合生活实际并查找资料，与同学分享电子警察系统的应用现状与趋势。 2）分别调查一个国内和国外的智能交通信号控制系统的应用案例，并进行分析对比。

质量检查	请指导教师检查本组作业结果，并针对问题提出改进措施及建议。			
	综合评价			
	建议			
评价反馈	根据自己在课堂中的实际表现进行自我反思和自我评价。 自我反思：_____ 自我评价：_____			
评价考核	评价项目	评价标准	配分	得分
	理论知识学习	理论知识学习情况及课堂表现	20	
	素质能力	具有分析问题的能力	10	
	基本练习	掌握智能交通管理系统相关内容 作业内容完整、正确，书面字迹清晰	30	
	强化练习	具有资料收集和独立思考的能力 口头表达清晰，具有合作交流意识	30	
	质量检查	改进措施及建议完成情况	5	
	评价反馈	能对自身客观评价和发现问题	5	
	任务评价	□基本完成　□良好　□优秀	总得分	
	教师评语			

任务工单 9　认知高速公路智能管理系统

学　　院		专　　业		姓　　名	
学　　号		小　　组		组长姓名	
指导教师		日　　期		成　　绩	
任务目标	1）能描述高速公路智能管理系统的概念与组成。 2）能描述 ETC 的特点、组成、分类与工作原理。 3）为某高速公路收费站设计 ETC 系统。					
基本练习	1）名词解释：高速公路智能管理系统。 2）高速公路智能管理系统由哪些子系统组成？ 3）在下图中标注出 ETC 车道设备的名称。  4）简述 ETC 的基本运行过程。					
强化练习	1）收费站 ETC 收费车道设计：调查目标收费站 ETC 收费车道数量（分入口和出口车道），是否为货车车道，是否需要称重系统等（可配简单示意图）。					

强化练习	收费站名称：_____ 入口收费车道数：_____　需称重系统车道数：_____ 出口收费车道数：_____　需称重系统车道数：_____ 2）收费站 ETC 收费车道设计：查找 ETC 收费车道的各种设备，制作设备采购清单，表格包含设备名称、推荐采购商家、产品型号、报价、数量等信息。 | 设备名称 | 推荐采购商家 | 产品型号 | 报价 | 数量 | |---|---|---|---|---| | | | | | | | | | | | | | | | | | | | | | | | | | | | | | | | | | | | | | | | | | |
质量检查	请指导教师检查本组作业结果，并针对问题提出改进措施及建议。 | 综合评价 | | |---|---| | 建议 | |
评价反馈	根据自己在课堂中的实际表现进行自我反思和自我评价。 自我反思：_____ 自我评价：_____
评价考核	| 评价项目 | 评价标准 | 配分 | 得分 | |---|---|---|---| | 理论知识学习 | 理论知识学习情况及课堂表现 | 20 | | | 素质能力 | 具有团队合作意识，能够合理收集信息、发现问题、解决问题 | 10 | | | 基本练习 | 掌握高速公路智能管理系统相关内容 作业内容完整、正确，书面字迹清晰 | 30 | | | 强化练习 | 具有资料收集和社会调研的能力 善于沟通交流 | 30 | | | 质量检查 | 改进措施及建议完成情况 | 5 | | | 评价反馈 | 能对自身客观评价和发现问题 | 5 | | | 任务评价 | □基本完成　□良好　□优秀 | 总得分 | | | 教师评语 | | | |

任务工单10　认知重庆市公交智能调度系统

学　　院		专　　业		姓　　名	
学　　号		小　　组		组长姓名	
指导教师		日　　期		成　　绩	

任务目标	1）能描述重庆市公交智能调度系统的总体设计。 2）能描述重庆市公交智能调度系统的功能。 3）掌握重庆市公交智能调度系统的基本操作。
基本练习	1）公交智能调度系统的原理是什么？ 2）（多项选择）公交智能调度系统的组成单元有（　　）。 　A. 监控调度中心　　　B. 区域调度中心　　　C. 车载单元 　D. 乘客信息系统　　　E. 通信系统 3）公交智能调度系统的主要功能是什么？
强化练习	1）请同学们讨论一下：现实生活中还有哪些典型的智能交通系统应用？ 2）根据教材操作步骤指引，完成智能调度系统基础数据设置，掌握智能调度系统操作流程，进行智能调度系统运营数据处理。
质量检查	请指导教师检查本组作业结果，并针对问题提出改进措施及建议。 |　　　综合评价　　　|　　　　　　　| |　　　建议　　　　　|　　　　　　　|
评价反馈	根据自己在课堂中的实际表现进行自我反思和自我评价。 自我反思： 自我评价：

评价考核	评价项目	评价标准	配分	得分
	理论知识学习	理论知识学习情况及课堂表现	20	
	素质能力	具有发现问题、解决问题的能力	10	
	基本练习	掌握公交智能调度系统相关内容 作业内容完整、正确，书面字迹清晰	30	
	强化练习	具有资料收集和社会调研的能力能够完成上机操作	30	
	质量检查	改进措施及建议完成情况	5	
	评价反馈	能对自身客观评价和发现问题	5	
	任务评价	□基本完成　□良好　□优秀	总得分	
	教师评语			

任务工单 11 认知无人机在智能交通系统的应用

学　院		专　业		姓　名	
学　号		小　组		组长姓名	
指导教师		日　期		成　绩	

任务目标	1）能描述无人机的起源及分类。 2）能描述无人机的构造与技术特点。 3）能够探讨无人机在智能交通中的应用领域和应用场景。
基本练习	1）无人机有哪些分类方式，根据不同的分类方式，无人机分别有哪些类型？ 2）简述固定翼无人机的构造。 3）简述多旋翼无人机的构造。 4）与有人机相比，无人机具有哪些优势？
强化练习	1）调研市场上应用于交通行业不同场合的无人机的功能、生产厂家、型号、主要技术参数。 | 无人机的功能 | 生产厂家和型号 | 主要技术参数 | |---|---|---| | | | | | | | | | | | | | | | | 2）通过检索的资料分析和总结用于城市交通规划、桥梁边坡检测、线路巡检、施工监控、交通协管的无人机，在功能方面要求有何不同？

强化练习	无人机的工作场景	无人机的功能要求	无人机需搭载的设备
	用于城市交通规划		
	用于桥梁边坡检测		
	用于线路巡检		
	用于施工监控		
	用于交通协管		

质量检查	请指导教师检查本组作业结果，并针对问题提出改进措施及建议。	
	综合评价	
	建议	

评价反馈	根据自己在课堂中的实际表现进行自我反思和自我评价。 自我反思：_____ 自我评价：_____

评价考核	评价项目	评价标准	配分	得分
	理论知识学习	理论知识学习情况及课堂表现	20	
	素质能力	具有发现问题、解决问题的能力	10	
	基本练习	掌握无人机相关内容 作业内容完整、正确，书面字迹清晰	30	
	强化练习	具有资料收集和社会调研的能力 具有合作交流意识	30	
	质量检查	改进措施及建议完成情况	5	
	评价反馈	能对自身客观评价和发现问题	5	
	任务评价	□基本完成　　□良好　　□优秀	总得分	
	教师评语			

任务工单 12 认知物联网技术在智能交通系统的应用

学　院		专　业		姓　名	
学　号		小　组		组长姓名	
指导教师		日　期		成　绩	

任务目标	1）能描述物联网技术的发展历程。 2）能描述智能交通中涉及的物联网关键技术。 3）能够探索物联网技术在智能交通中的应用场景。
基本练习	1）物联网的主要特征有哪些？ _____ _____ 2）（多项选择）物联网包含的关键技术主要有哪些？（　　） 　A. 传感器技术　　B. 4G/5G 技术　　C. 大数据技术　　D. 云计算技术 　E. 二维码技术　　F. DSRC 技术 3）我国车用无线通信网络为何以 LTE–V2X 和 5G–V2X 为主？ _____ _____ _____
强化练习	1）通过收集网上资料，查找有关国家政策文件，画出我国自动驾驶车辆技术发展规划时间和路线图。 2）请列举你身边的物联网应用案例，并与同学和老师分享。 _____ _____ _____

质量检查	请指导教师检查本组作业结果，并针对问题提出改进措施及建议。			
	综合评价			
	建议			
评价反馈	根据自己在课堂中的实际表现进行自我反思和自我评价。 自我反思：_____ 自我评价：_____			
评价考核	评价项目	评价标准	配分	得分
	理论知识学习	理论知识学习情况及课堂表现	20	
	素质能力	具有发现问题、解决问题的能力	10	
	基本练习	掌握物联网技术相关内容 作业内容完整、正确，书面字迹清晰	30	
	强化练习	具有资料收集和社会调研的能力 具有合作交流意识	30	
	质量检查	改进措施及建议完成情况	5	
	评价反馈	能对自身客观评价和发现问题	5	
	任务评价	□基本完成　□良好　□优秀	总得分	
	教师评语			

任务工单 13 认知大数据技术在智能交通系统的应用

学　院		专　业		姓　名	
学　号		小　组		组长姓名	
指导教师		日　期		成　绩	

任务目标	1）能描述大数据技术的概念、特征，以及发展大数据技术的必要性。 2）能描述大数据技术给智能交通系统带来的影响。 3）能描述基于大数据的城市智能交通系统架构。 4）能列举智能交通系统中大数据的应用。 5）能展望大数据在城市智能交通系统中的发展前景。
基本练习	1）名词解释：大数据技术。 2）（多项选择）大数据技术的特点有（　　　）。 　A. 数据体量巨大　　B. 数据类型多样 　C. 处理速度快　　　D. 价值密度高 3）大数据技术应用于智能交通系统有什么意义？ 4）大数据技术在智能交通系统中有哪些应用？
强化练习	1）你认为大数据技术在城市智能交通中的发展趋势有哪些？ 2）请你收集一个大数据应用于智能交通系统的案例，并与同学和老师分享。

质量检查	请指导教师检查本组作业结果,并针对问题提出改进措施及建议。		
	综合评价		
	建议		

评价反馈	根据自己在课堂中的实际表现进行自我反思和自我评价。 自我反思：_____ 自我评价：_____

评价考核	评价项目	评价标准	配分	得分
	理论知识学习	理论知识学习情况及课堂表现	20	
	素质能力	具有发现问题、解决问题的能力	10	
	基本练习	掌握大数据技术相关内容 作业内容完整、正确，书面字迹清晰	30	
	强化练习	具有资料收集和社会调研的能力 具有合作交流意识	30	
	质量检查	改进措施及建议完成情况	5	
	评价反馈	能对自身客观评价和发现问题	5	
	任务评价	□基本完成　□良好　□优秀	总得分	
	教师评语			

任务工单 14 认知人工智能技术在智能交通系统的应用

学　院		专　业		姓　名	
学　号		小　组		组长姓名	
指导教师		日　期		成　绩	

任务目标	1）能描述人工智能技术的概念、发展历史、核心技术及对各领域的主要影响。 2）能描述人工智能技术应用于智能交通系统的意义。 3）能列举智能交通系统中人工智能技术的应用。 4）能展望人工智能技术在智能交通系统中的发展前景。
基本练习	1）名词解释：人工智能技术。 _____ _____ 2）（多项选择）人工智能技术的三大核心技术有（　　　）。 　A. 计算机视觉技术　　　B. 自然语言处理技术 　C. 知识图谱技术　　　　D. 数据挖掘技术 3）人工智能技术应用于智能交通系统有什么意义？ _____ _____ _____ 4）人工智能技术在智能交通系统中有哪些应用？ _____ _____ _____ _____
强化练习	1）你认为人工智能技术在城市智能交通中的发展趋势有哪些？ _____ _____ 　2）请你收集一个人工智能技术应用于智能交通系统的案例，并与同学和老师分享。 _____ _____ _____

质量检查	请指导教师检查本组作业结果,并针对问题提出改进措施及建议。 综合评价 _____ 建议 _____
评价反馈	根据自己在课堂中的实际表现进行自我反思和自我评价。 自我反思:_____ 自我评价:_____

评价考核	评价项目	评价标准	配分	得分
	理论知识学习	理论知识学习情况及课堂表现	20	
	素质能力	具有发现问题、解决问题的能力	10	
	基本练习	掌握人工智能技术相关内容 作业内容完整、正确,书面字迹清晰	30	
	强化练习	具有资料收集和社会调研的能力 具有合作交流意识	30	
	质量检查	改进措施及建议完成情况	5	
	评价反馈	能对自身客观评价和发现问题	5	
	任务评价	□基本完成 □良好 □优秀	总得分	
	教师评语			

任务工单 15　认知 5G 移动通信技术的概念与特征

学　院		专　业		姓　名	
学　号		小　组		组长姓名	
指导教师		日　期		成　绩	
任务目标		1）能描述 5G 移动通信技术的概念、特征与业务类型。 2）能描述 5G 移动通信技术与智能交通系统的关联。 3）能描述 5G 移动通信技术如何赋能轨道交通运输。 4）能描述 5G 移动通信技术如何赋能公路交通运输。			
基本练习		1）名词解释：5G 移动通信技术。 _____ _____ 2）（多项选择）5G 移动通信技术的主要特征有（　　）。 A. 高速率　　B. 广覆盖　　C. 低功耗　　D. 低时延 3）调查 5G 移动通信的基本特征，完成下表的填写。			

技术指标名称	5G 要求
用户体验速率	
用户体验峰值速率	
移动性	
端到端时延	
连接数密度	
能量效率	
频谱效率	
流量密度	

强化练习	1）请你收集一个生活中 5G 移动通信的典型案例，并与同学和老师分享 5G 网络（或终端）的使用体验。 _____ _____ 2）选择一个层面，分析 5G 移动通信如何赋能轨道交通运输。 _____ _____ 3）选择一个层面，分析 5G 移动通信如何赋能公路交通运输。 _____ _____

质量检查	请指导教师检查本组作业结果，并针对问题提出改进措施及建议。			
	综合评价			
	建议			
评价反馈	根据自己在课堂中的实际表现进行自我反思和自我评价。 自我反思：_____ 自我评价：_____			
评价考核	评价项目	评价标准	配分	得分
	理论知识学习	理论知识学习情况及课堂表现	20	
	素质能力	具有发现问题、解决问题的能力	10	
	基本练习	掌握5G移动通信技术相关内容 作业内容完整、正确，书面字迹清晰	30	
	强化练习	具有资料收集和社会调研的能力 具有合作交流意识	30	
	质量检查	改进措施及建议完成情况	5	
	评价反馈	能对自身客观评价和发现问题	5	
	任务评价	□基本完成　□良好　□优秀	总得分	
	教师评语			

任务工单 16 畅想未来交通的主导技术

学　　院		专　　业		姓　　名	
学　　号		小　　组		组长姓名	
指导教师		日　　期		成　　绩	
任务目标	1）畅想未来交通的主导技术。 2）能描述"互联网+"交通。 3）能描述新一代交通控制网。 4）能理解新材料技术、VR、AR。				
基本练习	1）（多项选择）二十世纪七十年代以来被称为世界三大尖端技术的有（　　）。 　A. 空间技术　　B. 能源技术　　C. 人工智能　　D. 基因工程 　E. 纳米科学 2）（多项选择）被称为二十一世纪三大尖端技术的有（　　）。 　A. 空间技术　　B. 能源技术　　C. 人工智能　　D. 基因工程 　E. 纳米科学 3）大数据与云计算有什么联系和区别？ _____ _____ 4）什么是 VR 技术？ _____ _____ 5）什么是 AR 技术？ _____ _____				
强化练习	1）请你收集关于 VR 和 AR 的相关资料，或线下体验 VR 和 AR 设备，并与同学和老师分享资料或谈谈使用体验，畅想未来 VR、AR 如何应用到智能交通系统中。 _____ _____ 2）请你收集一个新材料技术应用的案例，并和同学讨论在未来新材料技术将会如何影响智能交通技术的发展？ _____ _____				

质量检查	请指导教师检查本组作业结果，并针对问题提出改进措施及建议。	
	综合评价	
	建议	

| 评价反馈 | 根据自己在课堂中的实际表现进行自我反思和自我评价。
自我反思：_____
自我评价：_____ |

评价考核	评价项目	评价标准	配分	得分
	理论知识学习	理论知识学习情况及课堂表现	20	
	素质能力	具有发现问题、解决问题的能力	10	
	基本练习	掌握现在主流的前沿科技信息 作业内容完整、正确，书面字迹清晰	30	
	强化练习	具有资料收集和社会调研的能力 具有合作交流意识	30	
	质量检查	改进措施及建议完成情况	5	
	评价反馈	能对自身客观评价和发现问题	5	
	任务评价	□基本完成　□良好　□优秀	总得分	
	教师评语			

任务工单17　畅想未来的交通面貌

学　　院		专　　业		姓　　名	
学　　号		小　　组		组长姓名	
指导教师		日　　期		成　　绩	

任务目标	1）能描述未来交通的基础设施。 2）能描述未来交通的运载工具特点。 3）能描述未来交通综合运输方式。
基本练习	1）未来交通的基础设施有什么特征？ _____ _____ 2）未来载运工具的发展趋势是什么？ _____ _____ 3）未来综合运输有什么特点？ _____ _____ _____ _____
强化练习	1）请你畅想一下未来的交通面貌，并与老师和同学分享。 _____ _____ 2）请你收集一个先进运载工具的信息（可以是概念车），并和同学讨论在未来，新型运载工具将会如何影响智能交通技术的发展？ _____ _____ _____
质量检查	请指导教师检查本组作业结果，并针对问题提出改进措施及建议。 <table><tr><td>综合评价</td><td></td></tr><tr><td>建议</td><td></td></tr></table>

评价反馈	根据自己在课堂中的实际表现进行自我反思和自我评价。 自我反思：_____ 自我评价：_____			
评价考核	评价项目	评价标准	配分	得分
	理论知识学习	理论知识学习情况及课堂表现	20	
	素质能力	具有发现问题、解决问题的能力	10	
	基本练习	掌握现在主流的前沿科技信息 作业内容完整、正确，书面字迹清晰	30	
	强化练习	具有资料收集和社会调研的能力 具有合作交流意识	30	
	质量检查	改进措施及建议完成情况	5	
	评价反馈	能对自身客观评价和发现问题	5	
	任务评价	□基本完成　□良好　□优秀	总得分	
	教师评语			

任务工单 18　畅想未来出行

学　　院		专　　业		姓　　名	
学　　号		小　　组		组长姓名	
指导教师		日　　期		成　　绩	

任务目标	1）畅想未来出行交通工具。 2）分析未来出行交通工具实现的可能性以及它们独特的优势。
基本练习	1）未来城市的无人驾驶汽车会给城市交通带来哪些好处？ 2）请想象一下未来地铁应该具有哪些特点？ 3）你认为未来的物流运输机器人有哪些特点？
强化练习	1）请绘制出你脑海中的未来的自主飞行器图形。 2）请你选择一个心仪的"未来交通工具"，并分析它独特的优势，若要开发此"未来交通工具"，你认为难点在哪里？
质量检查	请指导教师检查本组作业结果，并针对问题提出改进措施及建议。 <table><tr><td>综合评价</td><td></td></tr><tr><td>建议</td><td></td></tr></table>

评价反馈	根据自己在课堂中的实际表现进行自我反思和自我评价。 自我反思：_____ 自我评价：_____			
评价考核	评价项目	评价标准	配分	得分
	理论知识学习	理论知识学习情况及课堂表现	20	
	素质能力	敢于想象、勇于探索、积极创新	10	
	基本练习	掌握现在主流的前沿科技信息 作业内容完整、正确，书面字迹清晰	30	
	强化练习	具有独立思考和创新能力 具有合作交流意识	30	
	质量检查	改进措施及建议完成情况	5	
	评价反馈	能对自身客观评价和发现问题	5	
	任务评价	□基本完成　□良好　□优秀	总得分	
	教师评语